L'intégration de la justice restaurative dans le droit pénal français

Collection Controverses
dirigée par Robert Cario

Les ***Controverses*** rassemblent de courts essais sur des questions majeures de la connaissance scientifique dans le champ criminologique. En pointant leurs contradictions, (re)découvertes et zones d'ombre, les réflexions participent à une meilleure compréhension de la complexité des conduites humaines.
Quatre séries complètent la Collection : ***Traité de sciences criminelles ; Criminologie***, ***Sciences criminelles*** et ***Champ pénitentiaire***.

Derniers ouvrages parus

R. Cario (Dir.), Les rencontres détenus-Victimes : l'humanité retrouvée
F. Rognon, Brice Deymié, Punir, restaurer, guérir
I. Dréan-Rivette, Des sentences et des peines
G. Arandel, Pour une criminologie interculturelle. Ethnoprobation
R. Cario, La justice restaurative en France. Une utopie créatrice et rationnelle
J-L. De La Cuesta, I. German, La justice restaurative en Espagne
R. Cario, Grandeurs et vicissitudes de la justice restaurative en France

Traité de sciences criminelles
2.1. R. Cario, Victimologie. De l'effraction du lien intersubjectif à la restauration sociale (4e éd. 2012)
2.2. R. Cario, Sylvie Ruiz-Vera, Droit(s) des victimes. De l'oubli à la reconnaissance (2015)

Criminologie
M. Herzog-Evans, Le Juge de l'application des peines : Monsieur Jourdain de la désistance
J. Motte dit Falisse, F. Ludwiczak (Dir.), Du sens de la peine
C. Trotter, Le suivi des usagers involontaires
S. Charbonneau, C. Rossi, La médiation relationnelle. Rencontres de dialogues et justice réparatrice

Sciences criminelles
H. Arbousset et al. (Dir.), Risques, accidents et catastrophes. Liber amicorum en l'honneur de Marie-France Steinlé-Feuerbach

Série Champ pénitentiaire
S. Jacopin, J.M. Larralde (Dir.), Le droit aux visites des personnes incarcérées
R. Chazot, F. Violet, La souffrance en prison
J. Motte dit Falisse, F. Ludwiczak (Dir.), De la récidive et du pardon

Candice Desseigne

L'intégration de la justice restaurative dans le droit pénal français

L'Harmattan

5-7, rue de l'Ecole-Polytechnique, 75005 Paris
http://www.editions-harmattan.fr
ISBN : 978-2-343-25207-0
EAN : 9782343252070

À ma famille

« Le courage, c'est d'aller à l'idéal
et de comprendre le réel »

Jean Jaurès

Principales abréviations

Act	Actualité
A.J.pénal..	Actualité Juridique pénal
Al.	Alinéa
Anc..	Ancien(s), ancienne(s)
Art.	Article
BAV	Bureau d'Aide aux Victimes
Cah. Just.	Les Cahiers de la justice
C.E.	Conseil d'État
C.E.D.H.	Cour européenne des droits de l'homme
Circ.	Circulaire
CNAV.	Conseil National de l'Aide aux Victimes
CNRS	Centre National de la Recherche Scientifique
Concl.	Conclusions
Cons	Conseil Constitutionnel
C.P.	Code pénal
C.pr.pén.(CPP)	Code de procédure pénale
CSR.	Cercle de soutien et de responsabilité
D.	Recueil Dalloz
DH	Recueil Dalloz Hebdomadaire de jusrisprudence
DHS	Droits de l'Homme et Solidarité
Dir.	Ouvrage publié sous la direction de...
D.P.	Dalloz Périodique
Dr. pén.	Droit pénal (revue)
É.N.A.P.	École Nationale d'Administration pénitentiaire
Gaz.pal.	Gazette du Palais
Ibid	Ibidem, même référence
IFJR	Institut français pour la justice restaurative
In	Dans
JA	Juris Association
JCP G.	La semaine juridique. Edition Générale
J.O.	Journal officiel
LPA.	Les Petites Affiches
Not.	Notamment
O.I.P.	Observatoire international des prisons

ONDRP........	Observatoire Nat. de la Délinquance et des Réponses Pénales
O.N.U.	Organisation des Nations Unies
Op. cit.	Opere citato, Ouvrage, article... déjà cité
PJC................	Projet de Justice Coopérative
Ord................	Ordonnance
p., pp.	Page(s)
Préc..	Précité
P.U.F.	Presses Universitaires de France
R.D.V.	Rencontres détenus-victimes (milieu fermé)
Rép. Pén........	Répertoire Dalloz. Droit pénal et procédure pénale
RDPC............	Revue de droit pénal et de criminologie
S....................	Suivants(s)
Supra	Ci-dessus
SPIP.	Service Pénitentiaire d'Insertion et de Probation
TTR.	Traitement en T
V....................	Voir
Vol.................	Volume

Introduction

« *La justice est souvent inhumaine quand elle veut savoir. Elle ne redevient humaine que quand elle veut comprendre* » [1]. Ces mots reflètent l'ambition de la justice restaurative qui « *accorde de comprendre à ceux qui ont souffert* » [2]. Elle incarne ainsi un instant où se joue de nouveau le passé comme pansement du présent.

Cette nouvelle manière de rendre justice doit être circonscrite pour cerner son cadre conceptuel et appréhender ses mises en œuvre variées. Eu égard à sa complexité, ce travail définitionnel occupera une place majeure dans le premier chapitre de cette étude. À cette étape introductive, il est possible de la présenter comme un processus qui s'attache à produire une réponse pénale respectueuse de la dignité et de l'égalité des personnes [3]. En outre, elle promeut la compréhension et tente de renouer le lien social entre victimes et auteurs, acteurs directs de l'infraction que l'appareil judiciaire lui-même ne définit pas [4]. Juridiquement, la victime est une personne qui subit un préjudice directement causé

---

1. R. BADINTER, In *Guide des droits des victimes*, Gallimard, 1982, p. 3.
2. ESCHYLE, In *Agamemnon*, Belles Lettres, Coll. Classiques En Poches, 2015.
3. Cons. économique et social, Rapport sur la onzième session, Commission pour la prévention du crime et la justice pénale, 16-25 avril 2002, p. 7.
4. R. CARIO, In *La justice restaurative en France. Une utopie créatrice et rationnelle*, l'Harmattan, coll. Controverses, 2020, p. 17.

par un acte de nature infractionnelle. Plus exactement, c'est celle qui subit « *une atteinte à son intégrité physique ou mentale, une souffrance morale ou une perte matérielle* » [1]. Par voie de conséquence, l'auteur est celui qui cause ce préjudice par un acte ou une omission qui enfreint la loi pénale [2].

La justice restaurative s'attache à réunir ces deux protagonistes que tout oppose, à première vue, pour qu'ils puissent participer activement, s'ils le souhaitent, à la régulation des conséquences découlant du conflit de nature pénale. Elle apparait alors logiquement seconde mais existentiellement première [3]. Elle n'a pas vocation à supplanter notre système pénal actuel, seulement de parachever l'Œuvre de justice [4]. Il faut cependant avoir à l'esprit qu'elle est issue de pratiques ancestrales qui ont précédé la justice pénale contemporaine [5]. En effet, les conflits intersubjectifs n'ayant jamais cessé d'exister car consubstantiels de notre humanité, les premiers hommes ont nécessairement dû trouver des moyens pour les réguler [6]. Contrairement à des positionnements linéaires allant de la brutalité à la réponse humaniste, les premières mesures régulatrices n'excluaient pas de manière radicale les personnes au comportement asocial. Bien au contraire, elles portaient en elle les racines de la philosophie restaurative, car elles consistaient à trouver, collectivement, les solutions qui

1. S. GUINCHARD, T. DEBARD, In *Lexique des termes juridiques*, Dalloz, coll. Lexiques, 28e éd., 2020, V. Victime, p. 1084.
2. R. CARIO, In *La justice restaurative en France. Une utopie créatrice et rationnelle*, *op. cit.*, p. 18.
3. D. SALAS, S. HUMBERT (Dir.), Cycle Histoire 2018 – La justice et la paix : le « Temple de la concorde », *La justice restaurative : pour un authentique cheminement vers l'apaisement* [Colloque en vidéos], Cour de cassation.
4. R. CARIO, « Justice pénale et justice restaurative : entre complémentarité et autonomie assumées », Dalloz, AJ pénal, 2017, p. 252.
5. R. CARIO, « Justice restaurative », Dalloz, Rép. pén., mai 2018, para. 38.
6. D. SALAS, S. HUMBERT (Dir.), *La justice restaurative : pour un authentique cheminement vers l'apaisement*, préc.

permettraient, d'une part, de sanctionner le coupable et d'indemniser la victime, d'autre part, d'assurer leur réintégration au sein de la communauté.

En revenant à une période plus récente, avant que « l'État moderne ne s'arroge le monopole pénal » [1], la communauté dont un des membres avait été blessé ou tué se concertait avec la communauté du responsable pour entrer en composition, régler définitivement les conséquences de l'acte commis et, par là même, éviter tout conflit postérieur [2]. En outre, sous l'Ancien Régime, ne venaient devant les juridictions seigneuriales ou royales que les affaires impliquant un noble ou un membre du clergé [3]. Autrement dit, la majorité des conflits étaient réglés par les intéressés eux-mêmes dans le cadre de leur ruralité. *De facto*, grâce à l'Histoire du droit, plus encore, aux travaux de Benoît Garnot, il est possible d'affirmer que la justice restaurative n'a jamais cessé d'exister [4].

D'un point de vue concret, cette façon de faire justice prend corps dans différentes mesures issues des Premières Nations d'Amérique du Nord. À titre d'exemple, les Inuits mobilisent les cercles de guérison pour rétablir, après la survenue d'un évènement indésirable, les relations sociales de tous les intéressés, via une logique circulaire symbolisant l'égalité et la globalité [5]. Les conférences du groupe familial, observables chez les Maoris de la partie océanienne du monde, réunissent toutes les personnes concernées par une infraction pour qu'elles trouvent ensemble la sanction la plus équitable. Ces conférences visent la restauration

---

1. R. CARIO, In *Justice restaurative. Principes et promesses*, l'Harmattan, coll. Sciences criminelles, 2005, p. 75.
2. C. RIBEYRE, J.H. ROBERT (Dir.), In *La victime de l'infraction pénale*, Dalloz, coll. Thèmes et commentaires, mai 2016, p. 43.
3. D. SALAS, S. HUMBERT (Dir.), *La justice restaurative : pour un authentique cheminement vers l'apaisement*, préc.
4. C. RIBEYRE, J.H. ROBERT (Dir.), In *La victime de l'infraction pénale*, préc.
5. M. JACOUD, « Les cercles de guérison et les cercles de sentence autochtones au Canada », Criminologie, Vol. 32, n° 1, 1999, pp. 86-87.

et la réintégration la plus profonde et globale possible. Elles substituent donc la résolution du conflit d'ordre pénal, inhérente au Droit, à la régulation des conséquences infractionnelles [1].

Ces mesures ancestrales ont fait l'objet d'une réinvention en raison de la crise profonde que connaissent la plupart des systèmes de justice pénale occidentaux. Cette crise est si patente que dans les années 1970, des travailleurs sociaux, investis tout au long de la chaîne pénale, ont mené à Kitchener, en Ontario, une première expérience qui peut être qualifiée de restaurative [2]. En 1974, deux jeunes de dix-huit et dix-neuf ans commettent, durant une nuit, de nombreux actes de vandalisme. De façon totalement inédite, un agent de probation et un travailleur social proposèrent au magistrat en charge de l'affaire d'imposer, sous leur contrôle, à ces jeunes auteurs ayant reconnu les faits de rencontrer leurs victimes [3]. Le but poursuivi était qu'ils prennent conscience des répercussions de leurs agissements et qu'ils envisagent ensemble la réparation à mettre en œuvre. À l'issue de cette rencontre, les coupables se sont acquittés, avec l'aide des travailleurs sociaux, de sommes importantes qui n'étaient pas prises en charge par les assurances. Cette expérience de Kitchener a suscité une telle satisfaction chez tous les protagonistes qu'elle a été généralisée aux États-Unis ainsi qu'en Europe sous la forme de médiations [4].

Dans le même temps, la conférence du groupe familial a été redécouverte en Polynésie. Depuis, plus de trente ans, la Nouvelle-Zélande l'a intégrée dans son arsenal législatif, imitée en cela par l'Australie ainsi que par nos voisins belges. De fait, dans ces pays, lorsqu'une infraction est commise par un mineur, ce type de conférence doit systématiquement être proposée avant

---

1. *Ibid.*
2. J. VÉRIN, « La médiation à San Francisco, à New York et à Kitchener », Dalloz, RSC, 1983, p. 293.
3. J. VÉRIN, « La médiation à San Francisco, à New York et à Kitchener », préc.
4. R. CARIO, In *Justice restaurative. Principes et promesses*, *op. cit.*, p. 77.

d'enclencher le processus judiciaire [1]. Désormais, cette mesure s'adresse également aux majeurs, notamment lorsqu'il est question de litiges familiaux ou d'infractions impliquant un nombre important de personnes.

De même, les cercles de détermination de la peine, également dénommés « *cercles de sentence* », ont été réinventés en 1978 dans la justice pénale canadienne sous l'impulsion du juge Barry Stuart. Ce dernier, dans la célèbre affaire Moses de 1992 [2], a décidé de rendre sa décision en s'inspirant de ces cercles traditionnels autochtones pour qu'elle soit plus facilement acceptée et respectée par tous [3]. Au sein de cette mesure, les membres de la communauté sont assis en cercle aux côtés du juge, du mis en cause et de la victime. Chacun a la possibilité d'exposer son point de vue sur le conflit pour parvenir à une décision consensuelle susceptible de guider le magistrat dans le prononcé de la peine. L'objectif est donc de parvenir à un consensus qui porte sur les conséquences de l'infraction pénale, à savoir la sanction et l'indemnisation, ainsi que les répercussions de l'acte infractionnel qui ne sont pas en lien direct et immédiat avec les faits délictueux.

Enfin, il est possible de mentionner les cercles de soutien et de responsabilité. Cette mesure s'inspire de l'expérience menée dans le pénitencier d'Hamilton, au Canada, en 1994 [4]. Ces

---

1. R. CARIO, « Justice restaurative », préc., p. 74.
2. Dans cette affaire, le procureur de la Couronne souhaitait infliger une peine privative de liberté à l'auteur, en raison de son lourd casier judiciaire. La communauté, quant à elle, n'était pas favorable à une telle sanction pénale. De fait, le juge a procédé à un cercle de sentence, car une peine privative de liberté lui est apparue comme « une sanction simpliste, coûteuse et impitoyable ». V. not. R. CARIO, *La justice restaurative*, Conférence de consensus, 14-15 Fév. 2013, p. 4.
3. M. JACOUD, « Les cercles de guérison et les cercles de sentence autochtones au Canada », préc., p. 89.
4. R.J. WILSON, J.E. PICHECA, M. PRINZO, « Cercles de soutien et de responsabilité : évaluation du projet pilote dans le Centre-sud ontarien », Rapport, 2005, Multigraph., Service correctionnel du Canada, p. 45.

cercles se distinguent des précédentes modalités restauratives, car ils s'adressent uniquement aux auteurs, plus précisément, aux délinquants sexuels. Ce type de cercle vise à responsabiliser tous ceux qui y participent et offrent aux auteurs de ce type d'infraction un accompagnement propice à leur réinsertion. De tels cercles présentent entre huit et douze fois moins de récidive par rapport à un groupe contrôle sur une période de cinq ans [1]. Dans la même logique, les cercles d'accompagnement et de ressources ont été développés et s'adressent quant à eux à tous les auteurs de faits graves et répétés [2].

Actuellement, les mesures restauratives sont identifiables autour de deux situations. La première est le « *face à face* » entre victimes et auteurs directs d'une même infraction. La seconde est davantage anonyme et collective, car elle consiste à faire rencontrer des personnes qui ne sont pas liées entre elles par une même affaire, mais qui ont toutes en commun le fait d'avoir subi ou commis une infraction de même nature [3]. Quelle que soit la mesure, elle est orientée par des tiers neutres, les médiateurs. Également dénommés facilitateurs ou animateurs, ils occupent une place centrale dans le processus puisqu'ils veillent au bon déroulement de la mesure. Pour ce faire, ils s'attachent à « *faciliter, de manière équitable et impartiale, la participation des parties* » [4]. De fait, ils doivent impérativement maitriser la modalité restaurative qu'ils guident et dirigent. Leur formation est essentielle et primordiale pour prévenir toute « *catastrophe subjective* » [5] pour les protagonistes. Sans aucune prétention exhaustive, la médiation victime – auteur, les conférences et cercles restauratifs ainsi

1. D. SALAS, S. HUMBERT (Dir.), *La justice restaurative : pour un authentique cheminement vers l'apaisement*, préc.
2. R. CARIO, In *La justice restaurative en France. Une utopie créatrice et rationnelle*, *op. cit.*, pp. 82-83.
3. CNAV, Rapport du groupe de travail, *La justice restaurative*, R. Cario (Dir.), mai 2007, pp. 10-13.
4. Cons. économique et social, Rapport sur la onzième session, Commission pour la prévention du crime et la justice pénale, 16-25 avril 2002, p. 7.
5. R. CARIO, In *Justice restaurative. Principes et promesses*, p. 123.

que les rencontres détenus – victimes feront l'objet de développements poussés ultérieurement.

En tout état de cause, l'ensemble des mises en œuvre de ce processus offre aux personnes volontaires qu'elles soient victimes ou infracteures, l'opportunité de se rencontrer dans un lieu neutre et sécurisé « *pour un authentique cheminement vers l'apaisement* » [1]. Les modalités restauratives ont vocation à pouvoir être mises en œuvre à tous les stades de la procédure pénale, même si certaines d'entre elles s'y prêtent plus que d'autres [2]. Autrement dit, une mesure restaurative peut être déployée lors de l'enquête et des poursuites, mais aussi au stade de l'instruction, du jugement ou encore lors de l'exécution des peines. Au-delà, chaque modalité restaurative concourt au rétablissement de l'équilibre social en se concentrant sur la réparation de la victime et la responsabilisation de l'auteur. La justice restaurative peut donc se résumer en 3 R : réparation, responsabilisation et rétablissement [3].

Force est de constater que pour y parvenir, l'intégralité des mises en œuvre de cette justice innovante nécessite un travail préparatoire pour éviter tout résultat contreproductif. De fait, en amont, il est essentiel que l'auteur reconnaisse les faits. S'il conteste le dommage causé, son comportement risque d'engendrer « *une aversion plus grande encore des parties entre elles* » [4]. De même, la victime ne doit pas être portée sur la vengeance. Ainsi, pour s'assurer que les parties sont dans un état d'esprit pacifié et bienveillant, la première phase du processus consiste à vérifier que les intéressés ont les aptitudes pour y participer. Parallèlement, il est essentiel de contrôler leur consentement, libre et éclairé, ainsi que leurs attentes vis-à-vis du dispositif restauratif.

---

1. D. SALAS, S. HUMBERT (Dir.), *La justice restaurative : pour un authentique cheminement vers l'apaisement*, préc.
2. C. RIBEYRE, J.H. ROBERT (Dir.), In *La victime de l'infraction pénale*, préc.
3. J. LECOMTE, In *La justice restaurative, introduction à la psychologie positive*, Dunod, 2009, pp. 259-270.
4. S. POKORA, « La médiation pénale », Dalloz, AJ pénal, 2003, p. 58.

L'absence de jugement et la confidentialité doivent être respectées au sein du processus pour permettre la libération de la parole. Ensuite, il est tout aussi important d'évaluer l'opportunité de la mesure par rapport aux faits de l'espèce et au contexte dans lequel l'infraction est survenue. Toutes les infractions pénales ne peuvent donner lieu à une mise en œuvre du dispositif restauratif. À titre d'exemple, en matière de violences conjugales, un tel processus peut se révéler extrêmement délicat à mettre en place [1]. Néanmoins, il ne faut pas tomber dans l'écueil consistant à penser que la justice restaurative ne se destine qu'aux infractions de faible gravité et/ou aux primo-délinquants. Au contraire, lorsque les principes restauratifs sont maitrisés et respectés, cette nouvelle façon de faire justice peut convenir aux faits les plus graves [2].

En s'adressant tant aux délinquants qu'aux victimes, cette démarche donne l'occasion aux auteurs, de comprendre leurs actes et d'en assumer le poids [3]. Pour les victimes, elle leur offre la possibilité d'avoir une réelle et véritable place dans le processus judiciaire ainsi que dans leur reconstruction, avec l'aide et le soutien des travailleurs sociaux [4]. Si la justice restaurative a intégré, depuis plus d'une trentaine d'années, la plupart des droits de Common law, c'est parce qu'elle prend mieux en compte « *le trouble causé par l'infraction pénale* » [5]. Grâce à sa dimension sociale et psychologique, elle offre aux intéressés la possibilité de verbaliser deux questions qui n'émergent pas lors du procès

---

1. N. MAZAUD, P. RABEYRIN-PUECH, M.P. PORCHY, « Une expérience de justice restaurative au tribunal de grande instance de Lyon », Dalloz, Cah. just., 2018, p. 755.
2. R. CARIO, In *Justice restaurative. Principes et promesses*, *op. cit.*, p. 67.
3. J.P. MICHEL, Rapport n° 641 (2013-2014) fait au nom de la commission des lois, 18 juin 2014, Projet de loi relatif à la prévention de la récidive et à l'individualisation des peines, Chapitre II Bis – Dispositions relatives à la justice restaurative, p. 86.
4. *Ibid.*
5. CNAV, Rapport du groupe de travail, *La justice restaurative*, préc.

pénal : « *pourquoi ?* » et « *comment ?* » [1]. De fait, les victimes peuvent, d'une part, donner du sens à ce qu'elles ont subi, d'autre part, récupérer du pouvoir sur leur vie. En rencontrant les victimes, les auteurs prennent conscience des répercussions de leurs actes. En d'autres termes, la justice restaurative semble permettre « *la résilience pour les victimes et la prévention de la récidive pour les auteurs* » [2].

Bien que les recherches évaluatives soulignent les bienfaits constants de ce processus et la satisfaction réelle des protagonistes [3], l'introduction de cette nouvelle manière de rendre justice, dans le système judiciaire français, s'est révélée plus que délicate. Néanmoins, le législateur n'est pas resté totalement insensible à cette question. Bien au contraire, des marques de la philosophie restaurative sont visibles dans certaines dispositions législatives datant des années 1970. À titre d'exemple, pour lutter contre le prononcé des courtes peines privatives de liberté, la loi du 11 juillet 1975 [4] a créé deux mesures : l'ajournement du prononcé de la peine pour les délinquants majeurs [5] ou l'ajournement du prononcé de la mesure pour les mineurs [6] et la dispense de peine [7] ou de mesure [8]. Ces mesures reposent sur trois conditions fondamentales en justice restaurative, car pour qu'elles soient prononcées il est nécessaire, premièrement, que le dommage ait été réparé ou sur le point de l'être, deuxièmement, que le reclassement du coupable soit acquis et, enfin, que le trouble ait cessé ou soit en voie de disparaitre.

1. D. BAUER, P. MBANZOULOU, « La justice restaurative constitue un horizon d'apaisement », LPA, 24 juin 2009, n° 125, p. 4.
2. L. GARNERIE, « Justice réparatrice », Gaz. Pal., 28 mars 2017, p. 3.
3. E. MATIGNON, B. SAYOUS (Dir.), « Évaluation nationale des programmes de justice restaurative », IFJR, Multigraph., 2018, p. 39.
4. Loi n° 75-624 du 11 juill. 1975 modifiant et complétant certaines dispositions de droit pénal.
5. Art. 132-60 et s. C. pén.
6. Art. 20-7 Ord. n° 45-174 du 2 fév. 1945.
7. Art. 132-58 à 132-65 C. pén.
8. Art. 20-7 Ord. n° 45-174 du 2 fév. 1945.

Ces conditions sont reprises par le législateur dans les années 1990 pour installer la médiation pénale. Après un long travail expérimental mené par certains magistrats et travailleurs sociaux, le législateur, par la loi du 4 janvier 1993, a judiciarisé la médiation pénale pour les majeurs [1] et la réparation pénale pour les mineurs [2]. S'agissant de la médiation, elle peut être mise en œuvre par le procureur de la République « *s'il lui apparait qu'une telle mesure est susceptible d'assurer la réparation du dommage causé à la victime, de mettre fin au trouble résultant de l'infraction ou de contribuer au reclassement du coupable* » [3]. Quant à la réparation pénale, elle suit la même logique et dynamique [4]. Ces mesures paraissent alors injecter dans la procédure pénale française une logique restaurative, car contrairement au procès pénal qui entretient l'adversité entre auteurs et victimes, elles encouragent l'altérité en se basant sur le principe de consensualisme [5]. Toutefois, la médiation pénale, telle qu'elle est utilisée dans le système juridique français, n'est pas une réelle mesure de justice restaurative et ce, pour plusieurs raisons. Premièrement, elle ne peut être mise en œuvre qu'au stade des alternatives aux poursuites. Elle n'a qu'un caractère préalable à l'action publique. En outre, le caractère restauratif de cette mesure a disparu, car la mention « *avec l'accord des parties* » [6] a été remplacée par la condition « *à la demande ou avec l'accord de la victime* » [7]. Or, un programme ne peut être qualifié de restauratif que si auteur et victime y sont intégrés.

---

1. Loi n° 93-2 du 4 janv. 1993 portant réforme de la procédure pénale.
2. Art. 41-1 C. pr. pén.
3. Art. 12-1 Ord. n° 45-174 du 2 fév. 1945.
4. L. BASTE-MORAND, « La réparation pénale. Un embryon français de justice restaurative », Érès, coll. Les cahiers Dynamiques, 2014, n° 59, p. 62.
5. L. VIAUT, « Du bon usage de la justice restaurative… Prendre en compte les différents temps judiciaires », LPA, 22 juin 2020, n° 124, p. 11.
6. Art. 41-1 C. pr. pén. dans sa version issue de la loi n° 99-515 du 23 juin 1999.
7. Art. 41-1 C. pr. pén. dans sa dernière version issue de la loi n° 2021-401 du 8 avril 2021.

Sur la base de ce constat et sous l'impulsion des institutions régionales ainsi que des chercheurs et praticiens, la loi du 15 août 2014 [1] consacre expressément la justice restaurative [2]. Lors de ce projet de loi, sur proposition du gouvernement ; est ajouté un article 7 quinquies qui inscrit dans le sous-titre II du titre préliminaire du code de procédure pénale une disposition transversale, l'article 10-1. Désormais, il est possible de recourir, à tout stade de la procédure, à une mesure de justice restaurative. L'alinéa suivant de cette disposition générale l'a défini comme « *toute mesure permettant à une victime ainsi qu'à l'auteur d'une infraction de participer activement à la résolution des difficultés résultant de l'infraction, et notamment à la réparation des préjudices de toute nature résultant de sa commission* » [3].

Parallèlement, cet article pose trois séries de conditions, entrevues précédemment, pour qu'auteur et victime puissent se voir proposer une telle mesure. La première est la reconnaissance des faits. La seconde est le consentement exprès. Les intéressés doivent entrer dans ce processus parce qu'ils le veulent expressément. De la même façon, ils peuvent en sortir à tout moment, quand ils le souhaitent. La démarche des intéressés doit donc être volontaire. Elle doit nécessairement être désintéressée, c'est-à-dire, que les protagonistes ne doivent pas attendre une rétribution, une dispense de peine ou d'autres avantages en participant à ce processus [4]. Enfin, l'ensemble des personnes concernées par l'infraction doivent recevoir une information complète. Au-delà, l'ensemble du processus est soumis à la confidentialité et doit être mis en œuvre par un tiers professionnel indépendant, impartial et spécialement formé. Toute mesure restaurative est ainsi

---

1. Loi n° 2014-896 du 15 août 2014 relative à l'individualisation des peines et renforçant l'efficacité des sanctions pénales.
2. E. DREYER, « Loi du 15 août 2014 relative à l'individualisation des peines et renforçant l'efficacité des sanctions pénales », Gaz. Pal., 21 oct. 2014, n° 294, p. 5.
3. Art. 10-1 C. pr. pén.
4. J.P. MICHEL, Rapport n° 641 (2013-2014) fait au nom de la commission des lois, 18 juin 2014, préc., pp. 86 et s.

placée sous le contrôle de l'autorité judiciaire ou de l'administration pénitentiaire. Ce contrôle ne peut être qu'un contrôle de légalité, mais il est absolument nécessaire pour éviter toute revictimisation.

Cette disposition en vigueur depuis le 1er octobre 2014 a été complétée, tardivement, par une circulaire de mise en œuvre du 15 mars 2017 [1]. Cette dernière généralise la pratique de la justice restaurative sur le territoire français, pour permettre aux acteurs de la chaîne pénale « *de se familiariser enfin avec le panel des mesures entrant dans le champ du mécanisme* » [2]. Pour ce faire, cette circulaire rappelle que cette nouvelle manière de rendre justice est complémentaire du procès pénal [3]. Elle vise uniquement à restaurer l'équilibre social, à travers diverses mesures associant les victimes, les délinquants et la société civile.

À la lumière de cette lente et longue évolution législative, la présente étude vise à comprendre quels ont été les freins et leviers à l'intégration de cette justice innovante dans le droit positif français ?

Pour répondre à cette problématique, ce travail de recherche consistera, dans un premier temps, à analyser les obstacles théoriques et pratiques, propres au dispositif restauratif, qui ont retardé son implantation concrète dans le paysage judiciaire français (Chapitre 1). Le second temps de cette étude se concentrera quant à lui sur les facteurs, plus ou moins extérieurs au processus lui-même, qui ont concouru à l'accélération de son intégration dans l'arsenal législatif français (Chapitre 2).

---

1. Cir. 15 mars 2017 relative à la mise en œuvre de la justice restaurative applicable immédiatement suite aux art. 10-1, 10-2 et 707 C. pr. pén. issus des art. 18 et 24 de la loi n° 2014-896 du 15 août 2014.
2. L. GARNERIE, « Justice réparatrice », préc., p. 3.
3. C. DELLANGNOL, « Justice restaurative : un développement balbutiant », Gaz. Pal., 10 déc. 2019, p. 7.

1

Une intégration ralentie

Depuis la fin du XXe siècle, la justice restaurative a intégré de nombreux systèmes juridiques. En France, tel n'est pas le cas. Le modèle restauratif a difficilement pénétré le droit positif français pour diverses raisons. En premier lieu, la justice restaurative constitue du droit souple [1], difficile à appréhender. Par essence, elle renie toute valeur contraignante et impérative. Elle se limite à être proposée, conseillée, voire recommandée. En outre, elle a été redécouverte dans les pays anglo-saxons qui méconnaissent l'action civile [2]. Au sein des systèmes de *Common law*, la victime ne bénéficie que du statut de témoin. Pour Jacques-Henri Robert, la consécration de la justice restaurative a été « *plus pressante dans ces contrées que chez nous* » [3].

Ces premiers éléments n'ont pas vocation à justifier l'intégration tardive et ralentie du processus restauratif dans la culture juridique française. Ils se destinent, uniquement, à offrir une grille de lecture pour comprendre son avènement, à la fois long et lent,

---

1. C. RIBEYRE, In *La victime de l'infraction pénale*, Dalloz, coll. Thèmes et commentaires, mai 2016, p. 43.
2. *Ibid.*, p. 41.
3. R. CARIO, In *Justice restaurative. Principes et promesses, op. cit.*, p. 43

dans notre système judiciaire. Si notre arsenal pénal n'a pas été instinctivement perméable à cette justice, c'est parce qu'elle s'est révélée génératrice de difficultés (Section 1) et vectrice de bouleversements (Section 2).

Section 1. Une justice génératrice de difficultés

Le système pénal contemporain français n'a pas été spontanément bercé par l'idéologie « *humaniste* » [1] et « *englobante* » [2] de la justice restaurative. De façon opposée, elle a fait l'objet de critiques radicales. Pour les uns, elle tend à brouiller la limite entre la responsabilité pénale et la responsabilité civile [3], tandis que pour d'autres, le processus restauratif incarne « *le stade ultime d'un angélisme pervers et autodestructeur* » [4]. Ces craintes à l'égard du processus restauratif peuvent s'expliquer par les imprécisions qui règnent en son sein et qui demeurent instrumentalisées par ses détracteurs. De fait, l'introduction difficile de la justice restaurative dans le système juridique français résulte, en partie, d'un manque de clarté qui trouble son cadre conceptuel (§1) et l'entraine au carrefour du droit pénal et des Sciences sociales et humaines (§2).

§1. Un processus au contenu « flou »

Le modèle restauratif apparait trouble lorsque l'on s'intéresse de près à ses caractéristiques essentielles [5]. Ce défaut de clarté obscurcit ses conditions de mise en œuvre, alimentant une per-

---

1. R. CARIO, In *Justice restaurative. Principes et promesses, op. cit.*, p. 13.
2. *Ibid.*
3. V. PELETIER, « Les boîtes à outils de Madame Taubira. À propos de la loi du 15 août 2014 », JCP G, n° 36, 1er sept. 2014, pp. 1510-1513.
4. A. LAURENT, « Justice restauratrice, justice dégénératrice », Tribune Libre, Institut pour la justice, n° 6, août 2014, p. 5.
5. R. CARIO, « La justice restaurative : vers un inévitable consensus », D., 2013, p. 1077.

ception tronquée de la part des acteurs institutionnels et une frilosité des justiciables [1]. Concrètement, les multiples définitions du concept (A) et la profusion des mesures restauratives (B) ont rendu le processus difficile à circonscrire et ardu à transposer dans notre droit pénal.

A) Des définitions théoriques débordantes

Pour Kamel Aïssaoui, la justice restaurative est complexe à caractériser et déterminer en raison « *de sa pluralité d'application et de son interprétation variable* » [2]. Nous peinons à la cerner car elle n'est pas établie « *sur une matrice* » [3]. On ne trouve pas de « *modèle idéal* » [4]. Le processus restauratif doit s'accommoder des différentes cultures juridiques et politiques. Par voie de conséquence, son cadre conceptuel est appréhendé de façon inépuisable tant par les chercheurs et praticiens (1) que par les institutions internationales et régionales (2).

1. Une diversité introduite par la doctrine

La justice restaurative peut être qualifiée de mouvante dans la mesure où sa propre dénomination varie d'un pays à un autre, en fonction des traditions de chacun. Par conséquent, le concept de « *restorative justice* » ne trouve pas de traduction unanime. On emploie fréquemment la notion de « *justice communautaire* » [5],

---

1. R. CARIO, In *La justice restaurative en France. Une utopie créatrice et rationnelle,* L'Harmattan, coll. Controverses, 2020, p. 14.
2. K. AISSAOUI, In *La victime d'infraction pénale, de la réparation à la restauration*, Thèse de doctorat, Université Jean-Moulin-Lyon-III, 2013, p. 302.
3. R. CARIO, In *La justice restaurative en France. Une utopie créatrice et rationnelle, op. cit.*, p. 48.
4. *Ibid.*
5. Manuel sur les programmes de justice réparatrice, Nations Unies, New York, 2008, p. 7.

de « *justice positive* » [1], ou encore de « *justice relationnelle* » [2]. Pour sa part, le Québec a opté pour l'expression de « *justice réparatrice* » tandis que la Belgique a fait le choix de la « *justice restauratrice* ». Pour trancher, certains, dont le professeur Robert Cario, s'en sont remis à l'étymologie. « *Restaurar* » signifie « *guérir* ». Or, la guérison est un des fondements du dispositif restauratif. Donc, l'expression de « *justice restaurative* » apparait pertinente. Ces diverses traductions qui peuvent sembler anodines démontrent que la philosophie restaurative doit faire l'objet d'une appropriation singulière par chaque système et culture juridiques. *De facto*, la justice restaurative ne peut être pensée comme une justice indépendante et unique [3], car elle fait l'objet d'applications variées dans bon nombre de pays et s'adapte à la justice pénale actuelle.

Fort de ce constat, il est possible d'observer une profusion de définitions pour spécifier et préciser cette unique justice. Majoritairement, les auteurs tentent d'esquisser le contenu du modèle restauratif en s'attardant soit sur les processus à mettre en œuvre, soit sur les résultats à atteindre [4]. Il est alors possible de dresser une liste non exhaustive des définitions doctrinales existantes.

Pour Howard Zehr [5], considéré comme l'un des pionniers de cette justice, il s'agit d'un « *processus destiné à impliquer, le plus possible, ceux qui sont concernés par la commission d'une infraction particulière, à identifier et répondre collectivement à tous les torts, besoins et obligations dans le but de réparer les*

---

1. Manuel sur les programmes de justice réparatrice, préc.
2. *Ibid.*
3. K. AISSAOUI, *La victime d'infraction pénale, de la réparation à la restauration*, préc., p. 304.
4. *Ibid.*
5. H. ZEHR est un sociologue et criminologue américain. Il enseigne la justice restaurative à l'université d'Harrisonburg (Virginie). Consultant dans le monde entier, il a notamment accompagné les victimes, à la demande du parquet, de l'attentat d'Oklahoma City (1977), au cours de procès de son auteur.

préjudices et de rétablir l'harmonie sociale » [1]. En filigrane, un élément apparait indispensable à la mise en œuvre de la justice restaurative : restituer une place centrale à la victime et à la communauté qui apparaissent délaissées par le système pénal et ses acteurs qui se polarisent abusivement autour de l'auteur [2].

Tony F. Marshall a également proposé une définition de ce processus. Pour ce criminologue anglais, la justice restaurative permettrait aux protagonistes d'une infraction de définir et de régler ses conséquences et incidences futures [3]. En outre, cette justice est l'ébauche d'une dynamique qui œuvre pour que toutes les personnes impliquées dans une infraction retrouvent leur estime de soi.

Ces éléments définitionnels donnent une première coloration au processus restauratif. Ce dernier apparait être un levier pour la « *guérison des personnes* » [4]. Pour Jacques-Henri Robert, la philosophie restaurative véhicule l'idée d'une justice quasi médicale, car elle suggère une « *chirurgie qui efface les traces des traumatismes* » [5] héritées d'un conflit de nature pénale.

À la lumière de ces premières définitions, une difficulté émerge. En mobilisant un tel vocabulaire, il y a un danger de « *médicaliser le droit pénal* » [6] et de réduire le processus restau-

---

1. R. CARIO, « Justice restaurative », Dalloz, Rép. pén., mai 2018, para. 13 et s.
2. R. CARIO, « Justice restaurative », préc., para. 13 et s.
3. *Ibid.*
4. L. VIAUT, « Du bon usage de la justice restaurative… Prendre en compte les différents temps judiciaires », préc., p. 15.
5. C. RIBEYRE, J.H. ROBERT (Dir.), In *La victime de l'infraction pénale*, préc., p. 9.
6. K. AISSAOUI, In *La victime d'infraction pénale, de la réparation à la restauration*, préc., p. 19.

ratif à une ambition purement théorique. Or, la justice restaurative ne repose sur aucun « *protocole clinique* » [1]. Sa méthodologie consiste essentiellement à offrir un terrain d'échange sûr et libre pour permettre un « *authentique cheminement vers l'apaisement* » [2].

Pour éviter cet écueil, le psychologue et criminologue belge, Lode Walgrave, propose d'appréhender la justice restaurative non pas comme un processus mais comme une manière de rendre justice, axée prioritairement sur la réparation des préjudices et souffrances endurées [3]. Il propose de régler les litiges par la quête d'une réparation qui doit être équilibrée entre l'importance des dommages subis et « *l'intensité de l'effort restauratif requis* » [4]. Il s'agit d'une conception de la justice qui fait primer toute forme de démarche individuelle et collective [5].

En faisant preuve d'esprit de synthèse, Kamel Aïssaoui souligne que la justice restaurative doit présenter certains éléments entendus comme des standards minimums à savoir, un conflit de nature infractionnelle et la restauration de tous les dommages subis par les acteurs de l'infraction. Le tout mené dans le cadre d'un dispositif caractérisé « *par la participation volontaire de tous, sous le contrôle d'un tiers professionnel habilité justice et en la présence d'un tiers psychologique et social* » [6].

---

1. R. CARIO, In *La justice restaurative en France. Une utopie créatrice et rationnelle*, *op. cit.*, p. 48.
2. D. SALAS, S. HUMBERT (Dir.), *La justice restaurative : pour un authentique cheminement vers l'apaisement*, préc., p. 8.
3. R. CARIO, In *Victime : du traumatisme à la restauration*, L'Harmattan, coll. Sciences criminelles, 2002.
4. E. TILLET, « Histoire des doctrines pénales », Dalloz, Rép. pén., juin 2002, p. 103.
5. S. JACQUOT, Y. CHARPENEL, In *La justice réparatrice. Quand victimes et coupables échangent pour limiter la récidive*, L'Harmattan, coll. Questions contemporaines, 2012, p. 17.
6. R. CARIO, « La justice restauratrice : Promesses et principes. À propos de l'œuvre de Howard Zehr, LPA, 12 oct. 2004, n° 204, p. 5.

Ces diverses positions doctrinales offrent le constat que la justice restaurative est définie subjectivement en fonction de « *l'orientation que l'on veut lui donner* » [1]. Pour René Cassin, il n'y a pas de « *définition uniforme* » [2] de cette doctrine d'action pénale. Elle est lue et déchiffrée à travers « *les ambitions que l'on a pour elle et pour la justice pénale en général* » [3].

Longtemps restées muettes, les institutions internationales, plus nettement encore les institutions régionales, se sont également révélées prolixes tout en étant structurantes dans l'élaboration des caractéristiques essentielles de la justice restaurative.

2. Une diversité canalisée par les institutions internationales et régionales

Comme le souligne le professeur Robert Cario, c'est à l'échelle régionale que « *le souci de l'approche holistique* » [4] de la justice restaurative s'est fait ressentir. Suivant une logique chronologique, le Conseil de l'Europe a été l'un des premiers à promouvoir « *l'élan restauratif* » [5]. En 1985, par le biais d'une recommandation sur la position de la victime dans le cadre du droit pénal et de la procédure pénale [6], le Conseil de l'Europe a invité les États membres à davantage prendre en considération, au sein de la machine pénale, les préjudices matériels et moraux subis par les victimes. *In fine*, cela permet d'analyser les procédures à mettre en œuvre pour satisfaire leurs besoins et attentes.

---

1. K. AISSAOUI, *La victime de l'infraction pénale, de la réparation à la restauration*, préc., p. 304.
2. R. CASSIN, In *Criminologie*, Dalloz, Précis, 6e éd., 2007, p. 3.
3. *Ibid.*
4. R. CARIO, In *Justice restaurative : Principes et promesses*, *op. cit.*, p. 84.
5. *Ibid.*, p. 86.
6. Recommandation R(85)11 sur « La position de la victime dans le cadre du droit pénal et de la procédure pénale ».

Sur la base de ces prémisses restauratives, le Conseil économique et social des Nations Unies a souhaité impulser, plus encore, « *encadrer le développement de la justice restaurative* » [1]. En avril 2002, une Résolution a vu le jour et a esquissé les spécificités et principes directeurs de ce processus. Ce texte entend donner des instructions essentielles aux acteurs politiques, institutionnels et associatifs du système pénal qui tentent d'endiguer la délinquance dans une optique restaurative [2]. En disséquant le terme « *programme de justice réparatrice* », la Résolution de 2002 apparait particulièrement pédagogique. Pour reprendre les termes de celle-ci, la justice restaurative est « *un processus dans lequel la victime, le délinquant et lorsqu'il y a lieu, toute autre personne ou tout autre membre de la communauté subissant les conséquences d'une infraction, participent ensemble activement à la résolution des problèmes découlant de cette infraction, généralement avec l'aide d'un facilitateur* » [3]. Le texte va encore plus loin en précisant que les programmes de justice restaurative peuvent déboucher sur certaines issues, telles que « *la réparation, la restitution et le travail d'intérêt général* » [4]. En d'autres termes, la justice restaurative rend possible la mise en œuvre de mesures qui, d'une part, répondent aux besoins et espérances des parties, d'autre part, permettent de « *faire assumer à celles-ci leurs responsabilités individuelles et collectives* » [5].

Dans cette même ardeur restaurative, la 26e Conférence des ministres européens de la Justice des États membres du Conseil de l'Europe a adopté, en avril 2005, une Résolution « *relative à*

---

1. R. CARIO, In *Justice restaurative. Principes et promesses*, *op. cit.*, p. 84.
2. Manuel sur les programmes de justice réparatrice, Nations Unies, New York, 2008, p. 7.
3. Commission pour la prévention du crime et la justice pénale, Rapport sur la onzième session, Conseil économique et social, 16-25 avr. 2002, p. 7.
4. *Ibid.*
5. *Ibid.*

la mission sociale du système de justice pénale – justice réparatrice » [1]. Avec beaucoup de pertinence, elle considère qu'une logique pénale imprégnée de la philosophie restaurative parvient à davantage cerner les attentes des personnes victimes d'infraction pénale, sans perdre de vue le reclassement social des personnes auteures. De cette démarche cohérente découle un rétablissement de la confiance des justiciables envers l'institution judiciaire [2].

Ainsi, bon nombre de textes officiels ont tenté d'exhorter les États membres de l'Union européenne à implanter la philosophie restaurative à toutes les phases de la procédure pénale.

Malgré les efforts considérables des chercheurs et des institutions régionales, le processus restauratif peine à trouver sa place au sein de certains systèmes de justice pénale, dont celui de la France. Cette intégration se révèle épineuse car il y a un « *manque de sensibilisation à la notion de justice restaurative* » [3]. Cette carence peut s'expliquer par le fait que la culture juridique française attribue une fonction centrale aux lois et considère comme subalternes les autres mécanismes de régulation sociale [4]. Également, le défaut de connaissance et d'intérêt pour cette façon de faire justice résulte de ses mises en œuvre plurielles et évolutives. En pratique, les mesures restauratives sont variées et perçues comme « *l'importation de modèles étrangers* » [5].

---

1. Résolution n° 2 relative à la mission sociale du système de justice pénale – justice réparatrice, Cons. de l'Europe, 26e Conférence des ministres européens de la Justice (Helsinki, 7-8 avr. 2005), p. 16.
2. Résolution n° 2 relative à la mission sociale du système de justice pénale – justice réparatrice, préc., p. 16.
3. Commentaire à la Recommandation CM/Rec (2018) XX du Comité des ministres aux États membres relative à la justice restaurative en matière pénale, p. 2.
4. J. FAGET, « Les dynamiques de transfert des idées restauratives », Raisons politiques, n° 59, 2015, p. 117.
5. V. DANDONNEAU, « Justice restaurative : l'ambition associative au service de l'intérêt général », Forum, 2017, p. 15.

B) Des mesures pratiques variées

Pour James Scott, « *les trois conditions les plus importantes pour la mise en œuvre de la justice restaurative sont : la préparation, la préparation, la préparation* » [1]. Cela sous-entend que le processus restauratif ne laisse aucune place à la célérité, à l'instantanéité et à l'improvisation.

Néanmoins, cette préparation apparait complexe à mettre en œuvre et à assurer, car « *la régulation restaurative des conflits intersubjectifs d'ordre pénal* » [2] s'incarne à travers d'innombrables mesures (1), complétées par l'émergence de nouvelles pratiques (2). Cet enchevêtrement des modalités restauratives trouble son apprentissage et complique son implantation dans le paysage judiciaire français.

1. Les principales modalités restauratives

Concrètement, la justice restaurative se révèle via une très grande variété de mesures. La présente étude va se concentrer sur trois d'entre elles. Les modalités restauratives qui vont être analysées ont toutes comme similitude d'accorder aux intéressés une rencontre réfléchie et, avant tout, volontaire pour que chaque protagoniste puisse échanger sur les conséquences du conflit de nature infractionnelle qui les relie.

La première qui peut être analysée est la médiation entre victime et auteur. Cette mesure tend à restaurer la communication entre les acteurs d'une infraction pénale pour permettre la résolution, conjointe et avec le soutien d'un tiers médiateur, des problèmes découlant du délit ou du crime [3]. Elle offre à des per-

---

1. Actes du 5e Colloque de Plaidoyer-Victimes, au cœur des droits, Montréal, 2009, https://aqpv.ca/publications/archives/au-coeur-des-droits-2009/.
2. R. CARIO, « Justice restaurative », préc., para. 72.
3. C. MÉNABÉ, « Criminologie », Rép. pén., Dalloz, oct. 2019, p. 190.

sonnes, consentantes et liées par un même évènement, la possibilité de se rencontrer en face à face [1]. La victime et l'auteur bénéficient alors de l'opportunité, inédite, d'échanger sur les spécificités et particularités du conflit d'ordre pénal qui les oppose. Les buts poursuivis par cette première mise en œuvre de la justice restaurative sont pluriels. Premièrement, la médiation invite la personne auteure, d'une part, à prendre conscience de « *l'impact humain, social et/ou matériel* » [2] de son acte, d'autre part, à assumer le poids des conséquences résultant de son comportement infractionnel. Elle encourage la victime et l'infracteur à repenser la position de l'autre. Enfin et surtout, cette démarche restaurative aide les protagonistes à tracer « *les contours de la réparation des préjudices causés* » [3]. Effectivement, la médiation restaurative pose comme postulat que la personne victime et la personne auteure sont les mieux placées pour, dans un premier temps, évaluer leurs attentes respectives afin, dans un second temps, de déterminer l'étendue des conséquences directes et/ou indirectes qui les affectent toujours.

Parallèlement à cette première mesure, les conférences restauratives ont fait leur apparition. Calquée sur les « *conférences du groupe familial* », cette mesure restaurative a l'allure d'une « *médiation élargie* » [4]. Elle se révèle proche de la première mesure vue précédemment, car ce type de cercle se fonde également « *sur une participation active de l'auteur et de la victime* » [5]. Néanmoins, à la différence de la médiation restaurative, cette mesure associe, en plus de l'auteur et de la victime, tous les individus qui ont un intérêt à la régulation du conflit. Il peut alors s'agir d'acteurs institutionnels, de proches ou encore de membres de la communauté. En résumé, la médiation victime – auteur et les

1. R. CARIO, « La justice restaurative : vers un nouveau modèle de justice pénale ? », AJ pénal, Dalloz, 2007, p. 373.
2. R. CARIO, « La justice restaurative : vers un nouveau modèle de justice pénale ? », préc., p. 373.
3. *Ibid.*
4. CNAV, Rapport du Groupe de travail : *La justice restaurative*, préc., p. 12.
5. C. MÉNABÉ, « Criminologie », préc., p. 190.

conférences restauratives poursuivent les mêmes buts, mais la seconde modalité restaurative réunit un nombre plus varié de personnes aux côtés de la victime, de l'auteur et du médiateur.

La troisième mise en œuvre du dispositif restauratif correspond aux cercles de détermination de la peine ou cercles de sentence. Les seconds permettent, par consensus, d'établir une décision exécutoire en l'état. Les premiers quant à eux permettent, uniquement, d'élaborer une recommandation qui devra être soumise à un juge qui appréciera la suite à y donner [1]. Cette troisième mise en œuvre de la justice restaurative diffère légèrement des précédentes puisqu'elle porte sur la peine en tant que telle. En outre, ces cercles restauratifs permettent à l'ensemble des membres de la communauté qui le désire de prendre part à la résolution du conflit de nature infractionnelle. Dès lors, peuvent participer à ce type de cercles, les personnes victimes, les auteurs, leurs proches, les acteurs de la justice ainsi que toutes autres institutions susceptibles d'être concernées. En s'étendant à tous les membres de la communauté qui souhaitent y participer, les cercles de sentence offrent, également, à chaque protagoniste la possibilité de « *s'exprimer sur les conditions de l'émergence du conflit, ses conséquences et répercussions* » [2] affectives, physiques, psychologiques et spirituelles. L'objectif de cet outil de mise en œuvre de la justice restaurative est de parvenir, de façon consensuelle, à une solution qui satisfait les besoins et attentes de tous les protagonistes.

Dans le prolongement de ces premières mesures, des adaptations ont eu lieu. Les praticiens et chercheurs ont pensé et élaboré, au cours des premières années du XXIe siècle, des dispositifs innovants, tous imprégnés de la logique restaurative. Ces mesures restauratives complémentaires ont comme particularité d'intervenir exclusivement en phase post-sentencielle.

---

1. CNAV, Rapport du Groupe de travail : *La justice restaurative*, préc., p. 13.
2. R. CARIO, In *Justice restaurative. Principes et promesses*, *op. cit.*, p. 115.

2. Les modalités restauratives complémentaires

Parallèlement aux trois principales modalités restauratives, des rencontres restauratives post-sentencielles ont été développées en Amérique du Nord [1]. Ces mesures ont comme spécificité d'intervenir après le jugement pénal pour effectuer un travail sur le conflit [2]. L'idée est de ne plus réserver, exclusivement, la phase post-sentencielle à l'auteur et d'inclure, si elles le souhaitent, la victime, la collectivité et certaines catégories sociales [3]. Le schéma demeure identique à celui vu précédemment. Les rencontres restauratives mises en place durant la période post-sentencielle interviennent entre la personne condamnée et la victime avec des animateurs formés et habilités pour mener ce type de pratique restaurative.

En revanche, si le déroulement de ces processus restauratifs est similaire aux mesures précédentes, leurs ambitions sont différentes puisqu'une sanction pénale a déjà été prononcée et qu'une réparation purement matérielle de la victime a déjà eu lieu, en principe. Ce processus restauratif poursuit une finalité davantage « *symbolique* » [4] mais tout aussi importante, à savoir « *la libération des émotions* » [5] qui résultent de l'infraction. Il s'agit alors de prendre en considération les perturbations morales qui découlent de l'infraction et qui continuent d'inonder les protagonistes. Ces bouleversements négatifs perdurent dans le quotidien des intéressés, car ils n'ont pas pu être effectivement traités par les acteurs de la chaîne pénale jusqu'à présent.

---

1. E. DESNOYERS, « Justice restauratrice au sein du Service correctionnel du Canada », Les Cahiers de l'AQPV, n° 3, 2007, pp. 39-40.
2. L. VIAUT, « La croisée des savoirs – L'aveu dans la procédure pénale », Dalloz, Cah. just., 2021, p. 151.
3. P. COUVRAT, « Quelle probation pour demain ? », Dalloz, RSC, 1997, p. 680.
4. R. CARIO, In *Justice restaurative. Principes et promesses, op. cit.*, p. 115.
5. *Ibid.*, p. 116.

Ces rencontres post-sentencielles peuvent revêtir deux visages, selon que les individus se connaissent ou non. Si les intéressés sont directement liés par une même infraction, il s'agit d'une médiation post-sentencielle. En revanche, si on est dans le cadre d'une rencontre un groupe restreint de détenus et victimes, qui ne se connaissent nullement mais qui sont indirectement reliés par un même type d'évènement commis ou subi, il s'agit alors de rencontre détenus – victimes (RDV).

S'agissant de la médiation post-sentencielle, elle est soit suggérée par un magistrat pour compléter une condamnation, soit volontairement décidée par les parties pour s'apaiser et avancer [1]. La spécificité de ce dispositif restauratif est de lier le modèle punitif rétributif et le modèle restauratif [2]. « *Le droit ayant été dit* » [3], le but de la médiation est, comme toute mesure restaurative, la restauration psychologique des victimes et la responsabilisation concrète des auteurs. Dans le cadre de la médiation post-sentencielle, la logique restaurative est insufflée, uniquement, aux modalités d'exécution de la peine prononcée pour construire la réponse pénale la plus adaptée aux circonstances de l'espèce. Concrètement, cette modalité restaurative post-sentencielle aboutit à des rencontres en face à face ou se matérialise par un échange de correspondance entre les parties [4]. Lorsqu'il s'agit de rencontre, chaque protagoniste doit avoir la possibilité, « *dans le respect de la bonne parole de l'autre* » [5], d'exprimer ce que l'infraction a fait naître en lui/elle, les problèmes non résolus et ce qu'il/elle attend du processus restauratif.

---

1. R. CARIO, In *Justice restaurative. Principes et promesses, op. cit.*, p. 115.
2. J. FAGET, « Les « accommodements raisonnables » de la médiation pénale », Dalloz, RSC, 2009, p. 981.
3. J. FAGET, « Les « accommodements raisonnables » de la médiation pénale », préc.
4. R. CARIO, P. MBANZOULOU (Dir.), In *La justice restaurative : une utopie qui marche ?*, L'Harmattan, coll. Sciences criminelles, 2010, p. 53.
5. *Ibid.*

En ce qui concerne les RDV, elles sont davantage collectives. Il s'agit de mettre en relation, dans une logique de « *rencontre de groupe en contexte carcéral* » [1], des détenus et des victimes qui ne se sont jamais rencontrés auparavant. Néanmoins, toutes ces personnes ont en commun le fait d'avoir commis ou subi le même type d'infraction [2]. À l'instar des RDV, les rencontres condamnés – victimes (RCV) ont vu le jour. Elles ont vocation à être mises en œuvre, de façon autonome, pour compléter une peine exécutée en milieu ouvert tel que le sursis simple ou avec mise à l'épreuve par exemple [3]. Ce type d'expérience donne l'opportunité aux bénéficiaires de parvenir à un véritable « *apaisement au-delà de la chose jugée* » [4]. Sans méconnaitre la nécessité du procès pénal à l'Œuvre de justice, ce type d'expérience entend combler ses carences. En effet, le processus judiciaire peut se révéler imparfait dans la prise en compte et la réparation des souffrances de la victime. Les RDV et RCV ambitionnent de parfaire le système pénal actuel en laissant entrevoir une « *justice plus humaine* » [5].

La particularité des RDV est qu'elles ne se fondent pas exclusivement sur une initiative restaurative. Ces rencontres se révèlent proches d'autres disciplines. En premier lieu, cette mesure restaurative partage avec la médiation l'approche humaniste de résolution des conflits de nature infractionnelle [6]. En revanche, ces deux processus se distinguent par leur technicité et leurs démarches propres. Comme cela a été vu précédemment, dans le

---

1. R. CARIO, P. MBANZOULOU (Dir.), In *La justice restaurative : une utopie qui marche*, préc., p. 53.
2. C. ROSSI, « Juger ailleurs, juger autrement – Le modèle québécois des rencontres détenus – victimes », Dalloz, Cah. just., 2012, p. 107.
3. R. CARIO, In *La justice restaurative en France. Une Utopie créatrice et rationnelle, op. cit.*, p. 78.
4. *Ibid.*
5. R. CARIO, In *La justice restaurative en France. Une Utopie créatrice et rationnelle, op. cit.*, p. 78.
6. C. ROSSI, « Juger ailleurs, juger autrement – Le modèle québécois des rencontres détenus – victimes », préc., p. 116.

cadre d'une médiation, les personnes sont reliées par le fait d'avoir subi ou commis une même infraction. Or, dans les RDV, les protagonistes ne sont liés que par le fait d'avoir vécu un évènement similaire [1]. On ne se trouve donc pas dans une dynamique du face-àface mais dans une logique de groupe. Il y a également des similitudes entre ce type de rencontre et les groupes d'entraide tels que les « *Alcooliques anonymes* » [2]. En effet, ces deux types de rencontres permettent un partage d'expérience avec des personnes qui se trouvent dans la même situation. Leur but est identique puisque les groupes d'entraide et les RDV visent, par l'écoute et le dialogue, « *l'amélioration de la qualité de vie des participants* » [3]. Cette mesure se trouve donc à l'intersection de diverses approches.

À partir des diverses définitions et mesures restauratives prises dans leur ensemble, il est possible de remarquer que ce processus est et demeure imprécis [4]. Il en résulte un « *flou* » propice aux « *impasses théoriques* » [5] et défavorable à l'intégration effective de ce processus. Les multiples orientations et modèles présents au cœur de la justice restaurative laissent entrevoir les raisons pour lesquelles elle suscite encore aujourd'hui de nombreux débats.

Ces difficultés tant théoriques que pratiques sont renforcées par la nature hétérogène de cette doctrine d'action pénale. Les développements précédents démontrent effectivement que la philosophie, la déontologie et les mesures de cette doctrine d'action

---

1. *Ibid.*
2. *Ibid.*
3. C. ROSSI, « Juger ailleurs, juger autrement – Le modèle québécois des rencontres détenus – victimes », préc., p. 116.
4. V. STRIMELLE, « L'emprunt aux « justices de l'indivisible ». Réflexions sur les modèles de justice restauratrice à l'épreuve de la société vindicatoire », Champ pén., 2015, pp. 18 et s.
5. *Ibid.*

pénale ne sont pas purement juridiques [1]. Ce processus s'appuie effectivement sur d'autres sciences [2] . Par conséquent, cette nouvelle façon de faire justice se situe à l'intersection du droit pénal et des Sciences humaines et sociales (§2).

§2. Un processus aux confins du droit pénal

Habituellement, la machine judiciaire intervient uniquement pour régler les seules conséquences de l'acte infractionnel. De fait, le système de justice pénale actuel « *passe à côté de l'Homme* » [3].

La justice restaurative, sans se détourner des conséquences directes de l'infraction passée, se concentre davantage sur ses incidences et répercussions sur l'avenir de tous les intéressés. Cette différence de perspective résulte, en partie, du fait que les Sciences sociales et humaines ont fortement marqué les principes et caractéristiques fondamentaux de cette justice innovante (A) sans pour autant masquer l'empreinte du droit pénal (B).

A. La marque des Sciences sociales et humaines

Pour William Bradshaw et David J. Roseborough, « *la justice restaurative est avant tout un instrument de guérison des personnes, plus que de réparation du tort causé à l'État* » [4]. En se concentrant sur les individus et en les considérant comme des membres à part entière, le processus restauratif et sa philosophie

1. R. CARIO, « Les rencontres restauratives en matière pénale : de la théorie à l'expérimentation des RDV », Dalloz, AJ pénal, 2011, p. 294.
2. I. DRÉAN-RIVETTE, In *La criminologie en Amérique. Perspectives comparées France-Canada*, L'Harmattan, coll. Controverses, 2011, p. 19.
3. L. VIAUT, « Justice en situation – La médiation familiale et la théorie des deux conflits », Dalloz, Cah. just., 2020, p. 335.
4. Citation de W. BRADSHAW et D. J. ROSEBOROUGH utilisée par L. VIAUT, « Du bon usage de la justice restaurative… Prendre en compte les différents temps judiciaires », préc., p. 11.

font appel à des théories propres à l'Anthropologie et à la Sociologie (1) qui influent sur ses principes directeurs, pas toujours bien maitrisés (2).

1. La présence de théories extra-juridiques

La justice restaurative aspire à désamorcer les conflits d'ordre pénal par la participation active des individus directement impliqués dans la situation infractionnelle telle que les personnes auteures, celles qui subissent les torts ou encore la communauté. Pour satisfaire cette ambition, la logique restaurative se nourrit de Sciences qui ont pour objet d'étude « *l'Homme dans son ensemble* » [1] et les « *faits sociaux humains* » [2]. Le dispositif restauratif emprunte à l'anthropologie et à la sociologie certaines théories qui aiguillonnent toutes les mesures de ce processus [3].

Ce lien étroit entre la justice restaurative et certaines Sciences humaines peut être constaté notamment dans l'ouvrage *Crime, shame and reintegration* du professeur australien, John Braithwaite [4]. Ce dernier repense la manière de rendre justice à travers une approche extra-juridique à l'issue de deux constats. Dans un premier temps, il relève la stigmatisation dont font l'objet les infracteurs. Dans un second temps, il pointe du doigt « *le manque de considération du système pénal à l'endroit des victimes* » [5]. Sur la base de ce constat, il élabore une réflexion à partir d'une théorie,

1. https://www.cnrtl.fr/definition/anthropologie.
2. https://www.cnrtl.fr/definition/sociologie.
3. C. RIBEYRE, In *La victime de l'infraction pénale*, *op. cit.*, p. 42.
4. J. BRAITHWAITE, In *Crime, shame and reintegration*, Cambridge University Press, 1989.
5. V. STRIMELLE, « L'emprunt aux « justices de l'indivisible ». Réflexions sur les modèles de justice restauratrice à l'épreuve de la société vindicatoire », préc., p. 17.

la « *reintegrative shaming* », qui se destine à construire une réponse pénale davantage inclusive et solidaire [1].

Pour parvenir à cette finalité, cette théorie extra-juridique met en évidence l'effet particulièrement dévastateur de la honte lorsqu'elle poursuit une finalité punitive au sein de la société. Pour appuyer son propos, l'auteur recense plusieurs cas dans lesquels cet effet social d'opprobre a conduit des personnes auteures d'infraction au suicide [2]. Pour tenter d'endiguer ce type de situations tragiques, l'auteur propose de renverser la logique en substituant la honte réintégrative à la « *honte excluante* » [3]. Toute personne ayant transgressé les règles de la société doit alors ressentir ce sentiment non excluant à l'issue d'une interaction avec la victime, ses proches ainsi qu'avec la communauté à laquelle elle appartient. Il s'agit de changer la honte consubstantielle de l'infraction perpétrée en énergie réintégrative [4]. Ce concept de « *reintegrative shaming* » apparait alors délaisser le caractère humiliant de la honte. Cette dernière devient « *une modalité de l'échange* » [5] susceptible de régler la situation conflictuelle. Donc, parallèlement au « *rituel d'inclusion* » [6] qui est visible dans toutes les modalités du processus restauratif, la honte réintégrative occupe une place fondamentale dans le dispositif lui-même.

1. L. VIAUT, « Justice en situation – La médiation familiale et la théorie des deux conflits », préc., p. 17.
2. L. VIAUT, « Justice en situation – La médiation familiale et la théorie des deux conflits », préc., p. 17.
3. E. DIEU, « Brèves réflexions autour de la justice restaurative et de la récidive : pour éclaircir la confusion possible avec la place des CSR en France », Dalloz, RSC, janv-mars 2020, p. 59.
4. R. CARIO, In *Justice restaurative. Principes et promesses, op. cit.*, p. 71.
5. E. DIEU, « Brèves réflexions autour de la justice restaurative et de la récidive : pour éclaircir la confusion possible avec la place des CSR en France », préc., p. 59.
6. L. VIAUT, « Justice en situation – La médiation familiale et la théorie des deux conflits », préc., p. 17.

Dans le même sens, la justice restaurative se révèle « *relationnelle dans ses modalités d'action* » [1], car elle privilégie l'interaction entre auteur et victime pour résoudre les conflits de nature pénale. Par conséquent, le dispositif restauratif recourt à la logique de « *l'agir communicationnel* » de Jürgen Habermas [2] puisqu'il entend délaisser l'adversité et la confrontation entre les parties au profit d'un certain consensualisme [3]. Pour cet auteur, le consensus ne peut être acquis que par une compréhension mutuelle qui requiert, au préalable, une communication entre les intéressés [4]. Cette philosophie du dialogue et de l'échange inspire le processus restauratif qui a « *le souci de tous* » [5]. En répondant d'une manière positive aux attentes et espoirs des justiciables, la justice restaurative favorise et tend à permettre cette compréhension réciproque à l'issue d'un certain nombre de rencontres et/ou d'échanges entre auteur et victime. Il en résulte alors une réparation qui entend s'enraciner « *dans la réalité sociale, 'le monde vécu' des individus* » [6]. Cette façon consensuelle de régler les différends lie donc le processus restauratif à une philosophie communicationnelle.

En somme, cette nouvelle façon de faire justice œuvre pour éviter l'engrenage conflictuel et le désagrément des relations intersubjectives [7]. En d'autres termes, l'ensemble du dispositif

---

1. V. STRIMELLE, « L'emprunt aux « justices de l'indivisible ». Réflexions sur les modèles de justice restauratrice à l'épreuve de la société vindicatoire », préc., p. 17.
2. J. HABERMAS est né en 1929 en Allemagne. Il est un théoricien des Sciences sociales et représentant de la deuxième génération de l'école de Francfort.
3. L. VIAUT, « De l'intérêt de la médiation en droit administratif », LPA, 22 oct. 2020, n° 212, p. 15.
4. L. VIAUT, « De l'intérêt de la médiation en droit administratif », préc.
5. R. CARIO, In *La justice restaurative en France. Une Utopie créatrice et rationnelle, op. cit.*, p. 2.
6. N. REGIS, « Juger au nom des droits de l'Homme. L'office du juge, entre moral, droit et politique », Dalloz, Cah. just., 2015, p. 104.
7. D. L'HOUR, « Le secteur associatif : un acteur incontournable mais méconnu des mutations judiciaires », Dalloz, AJ pénal, 2011, p. 228.

tente de combattre, grâce à une approche pluridisciplinaire, « *le fait que la situation s'enkyste* » [1]. Pour ce faire, la justice restaurative mobilise des principes clés d'action extra-juridiques [2].

2. La présence de principes extra-juridiques

Les mises en œuvre plurielles de la justice restaurative tendent toutes à réintroduire une situation plus équilibrée entre victime et infracteur pour que chacun puisse se réapproprier sa propre identité ainsi que ses propres droits [3]. Pour parvenir à cet état d'équilibre, le dispositif restauratif mobilise des principes, tous ordonnés autour « *des valeurs d'interconnexion des êtres humains* » [4] et de la reconnaissance mutuelle.

Le premier principe qui inonde tout le dispositif est que la justice restaurative, à la différence des systèmes de justice pénale classique, ne se concentre pas uniquement sur la loi qui a été enfreinte au préjudice de la puissance étatique [5]. Cette manière innovante de rendre justice est davantage portée sur les dommages, les besoins et désirs de l'ensemble des intéressés. Pour les partisans de la justice restaurative, tous doivent faire l'objet d'une restauration [6].

Le second principe prône qu'il est primordial que tous les protagonistes de l'infraction entendent, acceptent les fautes et s'engagent à les corriger autant que faire se peut, tant sur le plan matériel que moral.

---

1. *Ibid.*
2. R. CARIO, In *La justice restaurative en France. Une Utopie créatrice et rationnelle, op. cit.*, p. 43.
3. *Ibid.*
4. R. CARIO, In *Justice restaurative. Principes et promesses, op. cit.*, p. 90.
5. *Ibid.*
6. R. CARIO, « La justice restauratrice : Promesses et principes. À propos de l'œuvre de Howard Zehr », préc., p. 4.

En troisième lieu, comme cela a été souligné antérieurement, il est essentiel d'englober, dans le dispositif restauratif, l'ensemble des individus qui ont eu à souffrir. Cela passe alors par une participation de toutes les personnes qui ont subi les conséquences de l'infraction [1]. Il en découle une collaboration entre tous les intéressés qui se révèle au travers des mesures restauratives par des entrevues, une circulation des informations et une réflexion collective sur la nature des réparations à mettre en œuvre [2].

De ce troisième principe résulte un devoir d'inclure toute personne ayant un intérêt à la régulation du conflit de nature infractionnelle. Il s'agit donc en premier lieu des personnes victimes, des coupables mais également des membres de la société [3]. Le système de justice pénale actuel n'implique que trop insuffisamment les protagonistes de l'infraction [4]. La machine pénale attend uniquement de l'auteur qu'il admette sa responsabilité et accepte sa peine [5]. En ce qui concerne la victime, le processus judiciaire souhaite seulement qu'elle valide la culpabilité du mis en cause et qu'elle établisse avec précision les préjudices subis en fournissant des preuves [6]. Néanmoins, pour quitter « *le conflit cristallisé* » [7] par la transgression d'une norme sociale, les acteurs directs de l'infraction doivent pouvoir prendre la parole sans restriction pour, d'une part, s'exprimer, chacun à leur tour, sur l'acte, d'autre part, extérioriser les traumas passés, présents et futurs.

---

1. R. CARIO, « La justice restauratrice : Promesses et principes. À propos de l'œuvre de Howard Zehr », préc., p. 4.
2. *Ibid.*
3. R. CARIO, In *Justice restaurative. Principes et promesses*, *op. cit.*, p. 90.
4. *Ibid.*
5. R. CARIO, P. MBANZOULOU (Dir.), In *La justice restaurative : une utopie qui marche ?*, *op. cit.*, p. 10.
6. R. CARIO, P. MBANZOULOU (Dir.), In *La justice restaurative : une utopie qui marche ?*, *op. cit.*, p. 10.
7. *Ibid.*

Enfin, le dernier principe clé d'action majeur de la justice restaurative est de rechercher activement et efficacement la réparation des torts résultant de l'acte délictueux ou criminel [1]. En d'autres termes, les mesures restauratives œuvrent pour remédier aux préjudices subis et aux souffrances endurées. Il faut néanmoins garder à l'esprit que dans les situations les plus graves telles que les crimes, la réparation tant matérielle que symbolique n'est jamais intégrale [2]. Cette justice innovante n'est pas miraculeuse ni fantasmagorique. Par conséquent, « *une part d'irréparable* » [3] subsistera fréquemment à l'issue d'une mesure restaurative car certaines pertes ne peuvent être comblées.

À l'issue de ces réflexions successives, le dispositif restauratif semble établir « *une approche globale du lien social* » [4] via une démarche multidisciplinaire. Pour parvenir au rétablissement durable des relations humaines détériorées par le conflit d'ordre pénal, ce processus sollicite le droit pénal pour atteindre des objectifs qui ont une dimension juridique.

B) L'empreinte du droit pénal

L'ambition ultime de la justice restaurative est de reconstituer le vivre-ensemble après la survenue d'une infraction. Cette intention est similaire à celle du législateur français qui considère que la peine doit contribuer, entre autres, à « *restaurer l'équilibre social* » [5]. En outre, la justice restaurative concerne le droit puisque c'est en son sein qu'elle prend tout son sens.

Parallèlement à la restauration durable de la cohésion sociale remise en cause par le crime ou le délit, le processus restauratif poursuit d'autres objectifs qui sont tous empreints du droit pénal.

---

1. R. CARIO, In *Justice restaurative. Principes et promesses*, *op. cit.*, p. 65.
2. *Ibid.*
3. *Ibid.*, p. 46.
4. CNAV, Rapport du groupe de travail : *La justice* restaurative, préc., p. 5.
5. Art. 130-1 C. pén.

En organisant, sur le fondement du volontariat, des entrevues directes ou indirectes entre les intéressés [1], la justice restaurative vise, d'une part, la réparation intégrale et effective de la victime (1), d'autre part, la punition de l'auteur en vue de sa réinsertion (2).

1. Un processus de réparation pour la victime

Les victimes se révèlent ne plus être « *les éternelles oubliées* » [2] de la procédure pénale. Depuis le Code d'instruction criminelle de 1808, ces dernières ont la possibilité de se constituer partie civile pour toutes les infractions et ce, même lorsque le ministère public reste inactif. Leur statut a été considérablement renforcé par la loi du 15 juin 2000 [3]. Ce texte offre à la personne victime de véritables droits et moyens d'action qui lui assurent ainsi un véritable rôle dans le procès pénal [4].

Dès lors, la situation et la place des victimes dans le système de justice pénale apparaissent satisfaisantes. Néanmoins, leur réparation se révèle uniquement indemnitaire et leur prise en charge psychologique et/ou sociale, lorsque celle-ci est indispensable à leur réparation, demeure toujours imparfaite. Or, seule la prise en compte de l'intégralité des besoins de la personne ayant subi un préjudice est de nature à permettre sa reconstruction [5]. Il est nécessaire de déconstruire l'idée selon laquelle la victime n'a que des intentions vindicatives, crispées autour du prononcé

1. On parle de rencontre directe lorsque sont réunis l'auteur d'un acte et sa victime et de rencontre indirecte quand sont réunis des auteurs et des victimes d'un même type de fait, mais qui ne se sont encore jamais vus.
2. R. CARIO, « La justice restaurative : vers un nouveau modèle de justice pénale ? », préc., p. 373.
3. Loi n° 2000-516 du 15 juin 2000 renforçant la protection de la présomption d'innocence et les droits des victimes.
4. R. CARIO, « La place de la victime dans l'exécution des peines », D., 2003, p. 145.
5. R. CARIO, « La justice restaurative : vers un nouveau modèle de justice pénale ? », préc., p. 373.

d'une peine lourde et exemplaire [1]. Pour paraphraser Paul Ricœur [2], « *derrière la clameur de la victime se trouve une souffrance qui crie moins vengeance que récit* » [3]. La victime, dont la vie est anéantie, ne souhaite pas nécessairement que l'auteur subisse une peine privative de liberté excessivement longue. De tels temps d'incarcération peuvent, dans certains cas, se révéler terriblement culpabilisants pour elle et freiner leur travail thérapeutique [4]. Autrement dit, pour restaurer la dignité des personnes victimes, il ne faut pas fonder leur réparation uniquement sur leur indemnisation et la condamnation du coupable. Cela induit alors de mieux prendre en compte les besoins et les attentes de ces personnes, sans toutefois tomber dans une politique pénale compassionnelle.

En plaçant l'humain au centre du processus, la justice restaurative offre aux personnes ayant subi une infraction, la possibilité de se sentir reconnues, d'une part, dans leur statut de personne victime, d'autre part, « *dans leur globalité de personne humaine* » [5]. Une telle reconnaissance est autant nécessaire que la désignation de la faute pénale et du coupable pour élaborer une sanction et une réparation sensées ainsi que pédagogiques. Dans le cadre de la justice restaurative, il en résulte une plus grande satisfaction des victimes d'infraction pénale, comme l'attestent les chiffres : pour la médiation restaurative, « *le taux de satisfaction des victimes est de 80 % à 97 %, contre seulement une moitié*

---

1. R. CARIO, In *Victimologie. De l'effraction du lien intersubjectif à la restauration sociale*, L'Harmattan, coll. Traité de Sciences criminelles, vol. 2-1, 3e éd., 2006, p. 335.
2. P. RICOEUR (1913-2005) est un philosophe français dont l'œuvre aborde des sujets variés comme la réflexion sur le temps, l'herméneutique ainsi que la philosophie du sujet et l'écriture historienne.
3. P. RICOEUR, In *Le juste,* Esprit, 1995, pp. 193 et s.
4. Audition de A. GARAPON dans le cadre du Rapport n° 641 (2013-2014) de J.P. MICHEL fait au nom de la Commission des lois, 18 juin 2014, pp. 53-61.
5. R. CARIO, « Justice restaurative », préc., para. 137.

de personnes satisfaites dans des procédures judiciaires traditionnelles » [1]. Cela s'explique par la logique régulatrice qui soustend le dispositif restauratif. En son sein, chacun a la faculté d'exprimer et de communiquer sa pensée tout en respectant et en honorant son « *devoir d'écoute* » [2].

Ce dialogue entre auteur et victime élimine « toute forme de vindicte », si fréquemment présente dans le système actuel. De façon concomitante, la peur de se trouver à nouveau victimisé s'affaiblit considérablement à l'issue d'une mesure restaurative [3]. En outre, les modalités de ce dispositif entrainent des « *effets thérapeutiques* » [4] indiscutables pour les victimes telles que la réduction du stress post-traumatique ainsi que la diminution de la honte et de la culpabilité. On constate donc une réelle réparation des blessures psychologiques des victimes. La justice restaurative permet d'optimiser la réparation extrapatrimoniale du dommage causé par l'infraction pénale.

Au regard de ce développement, il apparait que l'idéal en matière de réparation des victimes est de concilier la logique pénale avec la philosophie restaurative [5]. Dans la mesure où l'institution judiciaire a pour fonction de dire le droit et de sanctionner l'acte jugé inacceptable, la justice restaurative semble nécessaire, d'une part, pour fournir une réparation adéquate aux personnes victimes, d'autre part, pour permettre le rétablissement des relations interpersonnelles et sociales. Ainsi, la logique restaurative peut contribuer à l'Œuvre de justice en renouant avec la « *victime pensée* » [6] sans pour autant l'instrumentaliser ou la sacraliser.

---

1. R. CARIO, In *La justice restaurative en France. Une Utopie créatrice et rationnelle, op. cit.*, p. 91.
2. R. CARIO, In *La justice restaurative en France. Une Utopie créatrice et rationnelle, op. cit.*, p. 91.
3. *Ibid.*, p. 138.
4. *Ibid.*, p. 93.
5. R. CARIO, « De la victime oubliée… à la victime sacralisée », Dalloz, AJ pénal, 2009, p. 491.
6. G. GIUDICELLI-DELAGE, C. LAZERGES (Dir.), In *La victime sur la scène pénale en Europe*, PUF, Les voies du droit, 2008.

Pour que les personnes victimes puissent de nouveau éprouver un sentiment de plénitude, cette manière de faire justice promeut la resocialisation des personnes condamnées, à l'instar du législateur qui place la réinsertion des délinquants au cœur de la sanction pénale [1].

2. Un processus de réinsertion pour l'auteur

D'un point de vue général, la justice restaurative semble mieux répondre aux exigences légitimes des intéressés. De fait, il est possible d'en déduire que les mesures restauratives ne sont pas tournées exclusivement vers la victime. En invitant les acteurs de l'infraction à collaborer, la justice restaurative est orientée tant du côté de la victime que du côté de l'auteur. Parallèlement au sentiment de reconnaissance, d'apaisement et de sécurité ressenti par la victime, ce processus est susceptible de confronter l'auteur à ses responsabilités pour qu'il prenne conscience du caractère indigne de l'acte perpétré [2]. À l'issue d'une mesure restaurative, les personnes auteures discernent davantage les textes en vigueur et les procédures applicables. Cela s'explique par le fait que dans ce processus, les intéressés sont regardés avec respect, leur permettant alors de renouer avec leur dignité. Ils ont le sentiment de redevenir une personne à part entière, « *nettement individualisée* » [3]. *De facto*, ils s'estiment davantage prêts à retrouver leur place au sein de la société et à consentir aux normes pénales. Leur retour en communauté est donc considérablement facilité et plus sûr pour autrui.

---

1. A. GARAPON, F. GROS et T. PECH, In *Et ce sera justice. Punir en démocratie*, Seuil, Odile Jacob, 2001, p. 270.
2. R. CARIO, « Justice restaurative », préc., para. 10.
3. R. CARIO, In *La justice restaurative en France. Une utopie créatrice et rationnelle, op. cit.*, p. 94.

La justice restaurative fait passer un « *message humaniste très fort* » [1] puisqu'elle encourage leur réinsertion en se fondant sur l'idée que victime et auteur appartiennent au même groupe, l'Humanité. Ce processus lie les protagonistes « *par-delà le délit* » [2] pour que chacun puisse retrouver sa place respective au sein de la société des Hommes libres.

Ainsi, cette justice innovante véhicule l'idée selon laquelle « *personne n'est jetable* » [3]. Tout infracteur est avant tout un être humain qui dispose d'une « *valeur intrinsèque* » [4]. Ces deux considérations habitent les Cercles de soutien et de responsabilisation (CSR) qui sont une mise en œuvre innovante de la justice restaurative. Ce type de cercle œuvre pour le (ré)investissement de la communauté dans la prévention et la réinsertion des délinquants pour qu'il n'y ait plus jamais de victimes. Ce type de cercle s'adresse en particulier aux auteurs d'infraction sexuelle qui sortent de détention et qui présentent un risque élevé de récidive. Ce risque résulte, en partie, de leur important isolement social dû à leur stigmatisation et à l'ostracisme dont font fréquemment l'objet les délinquants sexuels [5].

Pour permettre leur réinsertion et resocialisation, les CSR mettent à leur disposition un réel accompagnement par des membres de la communauté, formés et bienveillants. Concrètement, les CSR présentent une baisse « *de 73 % pour tous les types de récidive avec violence, et une réduction globale de 72 %*

1. Audition de D. SALAS dans le cadre du Rapport n° 641 (2013-2014) de J.P. MICHEL fait au nom de la commission des lois, 18 juin 2014, pp. 61-61.
2. *Ibid.*
3. Citation de J.J. GOULET : « Plus jamais de victime » et « Personne n'est jetable » sont les deux pierres angulaires sur lesquelles repose la raison d'être du CSR.
4. R. CARIO, P. MBANZOULOU (Dir.), In *La justice restaurative : une utopie qui marche ?*, *op. cit.*, p. 63.
5. R. CARIO, In *La justice restaurative en France. Une utopie créatrice et rationnelle*, *op. cit.*, p. 82.

dans tous les types de récidive » [1]. Leur réinsertion sociale apparait positive. De tels résultats s'expliquent par le fait que cette mesure restaurative est fondée sur une évidence : une personne marginalisée est plus exposée à la récidive qu'une personne suivie et soutenue. Grâce aux CSR, les personnes auteures d'infraction sexuelle ne sont plus seules. Elles sont alors en mesure d'affronter leurs problèmes et compulsions, car elles peuvent les exprimer aux bénévoles avec lesquels elles sont parvenues à tisser une relation de confiance [2]. En épaulant et en responsabilisant les personnes condamnées, ce type de mesure semble permettre d'assurer, d'une part, la sûreté et la sécurité au sein des collectivités, d'autre part, la réduction du nombre de victimes [3]. Ces cercles apparaissent alors comme une aide, stable, durable et informelle, susceptible d'éradiquer le sentiment de solitude des auteurs et de favoriser leur resocialisation.

La justice restaurative est donc porteuse d'une « *dynamique de transformation des modes de réinsertion sociale* » [4]. Elle apparait délaisser le contrôle social répressif au profit d'un contrôle social moral [5]. Dans cette perspective et à l'image du sociologue Émile Durkheim [6], la philosophie restaurative restitue au droit sa

1. E. DIEU, « Brèves réflexions autour de la justice restaurative et de la récidive : pour éclaircir la confusion possible avec la place des CSR en France », préc., p. 63.
2. E. DIEU, « Programme de Parrainage de Désistance (PPD) et Cercle de Soutien et de Responsabilisation (CSR) : synthèse des ressemblances et dissemblances pour une Justice restaurative adaptée en France », RICPTS, 2018, pp. 351-362.
3. E. DIEU, « Programme de Parrainage de Désistance (PPD) et Cercle de Soutien et de Responsabilisation (CSR) : synthèse des ressemblances et dissemblances pour une Justice restaurative adaptée en France », préc.
4. R. CARIO, In *Victimes : Du traumatisme à la restauration. Œuvre de justice et victimes*, Vol. 2, L'Harmattan, coll. Sciences criminelles, 2001, pp. 275 et s.
5. R. CARIO, In *La justice restaurative en France. Une utopie créatrice et rationnelle, op. cit.*, p. 82.
6. Émile Durkheim (1858-1917) est un sociologue dont l'œuvre a touché l'ensemble des disciplines des Sciences humaines.

mission « *d'instrument régulateur* » [1], vouée à maintenir le bien-être de tous les membres de la société. La philosophie restaurative apparait alors comme une éthique vectrice de bouleversements (Section 2).

Section 2. Une justice vectrice de bouleversements

Ce dispositif innovant impose « *une vision subjective de la justice* » [2] qui entre en conflit avec la façon traditionnelle de faire justice dans la plupart des pays d'obédience romano-germanique [3]. En d'autres termes, la justice restaurative opère un renversement du processus classique. En prônant la rencontre des intéressés et le dialogue, la philosophie restaurative prend le contre-pied des modèles classiques de justice pénale, caractérisés par un procès pénal confiscatoire de la parole et un jugement qui tranche. La justice restaurative propose une nouvelle organisation de la justice pénale (§1). Grâce à cette remise en question de la justice actuelle, le processus restauratif laisse entrevoir un nouveau paradigme en la matière (§2).

§1. Un processus porteur d'une nouvelle organisation de la justice pénale

Pour éteindre tout sentiment d'injustice et d'impunité au sein de la société, cette nouvelle manière de rendre justice mobilise un dispositif informel qui s'écarte de la justice répressive classique administrée par l'État [4] et focalisée sur la rétribution de

1. D. L'HOUR, « Le secteur associatif : un acteur incontournable mais méconnu des mutations judiciaires », préc., p. 228.
2. M. NORD-WAGNER, « Justice restaurative et transaction policière : un regard croisé sur deux procédures originales issues de la loi du 15 août 2014 », Gaz. Pal., 23 mai 2015, p. 6.
3. G. RABUT BONALDI, « La mesure de justice restaurative, ou les mystères d'une voie procédurale parallèle », D., 2015, p. 97.
4. C. MÉNABÉ, « Criminologie », préc., p. 188.

l'acte, la défense utilitaire de la société et la réhabilitation de l'auteur. L'approche peu commune de la justice restaurative a alors freiné son appropriation par les systèmes de Civil law, notamment, bien qu'elle soit fondée sur le respect des droits fondamentaux et des principes directeurs du droit criminel.

La philosophie de ce dispositif a fait l'objet d'une consécration retardée dans le droit positif français, car elle opère une remise en question du schéma type de la justice pénale (A). Même si les modalités restauratives n'ont pas pour ambition de se substituer à la manière traditionnelle de faire justice, une telle « *déconstruction rationnelle* » [1] des modèles classiques de justice pénale s'est heurtée à la réticence des juristes français (B).

A) Une remise en cause du schéma type de la justice pénale

La philosophie restaurative est en désunion avec le processus judiciaire classique, car elle incarne une justice novatrice qui vise à « *compenser le mal causé à la société par la compensation négociée du mal causé à la victime* » [2]. Pour ce faire, elle remet en cause le dogme de la sécurité et de la punition, inhérent à la justice pénale contemporaine.

La justice restaurative utilise un schéma « *sui generis* » [3]. Elle opère une refondation du schéma type de la justice pénale actuelle, car elle se focalise sur les parties et leurs préjudices, contrairement à la machine pénale qui se concentre davantage sur le fait commis prohibé par la loi (1). En outre, elle accorde une place centrale à la notion de communauté, étrangère à l'organisation politique et judiciaire française (2).

---

1. R. CARIO, « La justice restaurative : principes et promesses (A propos de l'œuvre d'Howard Zehr), préc., p. 5.
2. C. MÉNABÉ, « Criminologie », préc., p. 188.
3. K. AISSAOUI, In *La victime d'infraction pénale, de la réparation à la restauration*, préc., p. 305.

1. Une justice recentrée sur les parties et leurs préjudices

La justice rétributive se contente bien souvent de juger les faits sans se soucier véritablement du contexte et du parcours des personnes. Elle incarne une justice de punition, une « *justice de l'après* » [1]. En étant axé prioritairement vers la restauration des dommages, souffrances et perturbations sociales résultant d'un comportement réprimé par la loi pénale, le processus restauratif est quant à lui une justice de « *réparation-réhabilitation* » [2], une justice de l'avenir.

Pour parvenir à rétablir la paix sociale, cette doctrine d'action pénale propose d'adapter la réponse étatique. Cette dernière ne doit plus se concentrer exclusivement sur la culpabilité de l'auteur et l'application de la peine prévue par la loi. Elle doit se recentrer sur tous les acteurs de l'infraction et leurs séquelles. Ainsi, contrairement à la justice pénale classique qui est tournée vers « *le passé de la faute en vue d'établir la responsabilité abstraite de l'auteur* » [3], la justice restaurative s'attarde davantage sur la reconstruction future des intéressés après cet « *accident de la vie* » [4]. Elle place donc l'humain au cœur de la résolution des conflits d'ordre pénal, contrairement au droit positif qui « *réduit la procédure à une question technique* » [5]. En d'autres termes, la philosophie restaurative s'inscrit dans une logique humaniste qui prend en compte tant la victime que l'auteur.

Cette démarche n'est pas nouvelle puisque dans l'un des quatorze dialogues, l'écrivain grec Plutarque combattait déjà « *cette prétention à tout vouloir arbitrer dans les conflits entre les*

---

1. S. JACQUOT, Y. CHARPENEL, In *La justice réparatrice. Quand victimes et coupables échangent pour limiter la récidive*, *op. cit.*, p. 84.
2. S. JACQUOT, Y. CHARPENEL, In *La justice réparatrice. Quand victimes et coupables échangent pour limiter la récidive*, *op. cit.*, p. 84.
3. M.H. VERNERIS, « Justice et pardon, une cohabitation possible derrière les barreaux ? », Le sujet dans la cité, 2016, p. 215.
4. C. MIRABEL-SARRON, In *Se reconstruire après un accident de la vie*, Odile Jacob, coll. Guide pour s'aider soi-même, 2020.
5. A. GARAPON, D. SALAS, In *Les nouvelles sorcières de Salem. Leçon d'Outreau*, Seuil, 2007, p. 152.

Hommes par des règles publiques, lesquelles sont incapables par nature d'embrasser la diversité de la vie et de pourvoir par avance à ses dérèglements » [1]. Le besoin d'une justice qui « *tranche, mais qui, dans la limite de la coopération des parties, cicatrice au lieu de mutiler* » [2] s'est depuis fort longtemps fait sentir. Les mesures restauratives s'inscrivent réellement dans cette dynamique, puisqu'elles mettent en œuvre des possibilités d'échange, de participation ainsi que des opportunités de dialogue et de consentement mutuel entre les protagonistes de l'infraction pénale [3]. À la différence de la culture et de l'organisation judiciaire française, ce dispositif prône la collaboration volontaire des intéressés plutôt que leur séparation par un jugement définitif qui tranche.

La philosophie restaurative apparait utile pour établir « *la légitimité de la décision* » [4]. En étant basée sur le consentement et le respect, la décision de justice apparait davantage humaine dans le processus restauratif. Elle gagne en transparence et en intelligibilité favorisant ainsi sa compréhension par tous. Autrement dit, la réponse pénale apparait plus pertinente lorsqu'elle est imprégnée de la philosophie restaurative. Cette justice permet ainsi de démanteler, d'une part, la défiance des justiciables envers l'institution judiciaire, d'autre part, l'idée selon laquelle le droit est un outil de domination [5].

Cette nouvelle façon de faire justice offre à la victime et à l'auteur l'opportunité de jouer un rôle réel dans le dispositif judiciaire. Elle substitue leur traditionnelle confrontation au profit

---

1. PLUTARQUE, In *Sur les délais de la justice divine*, Actes Sud, coll. Babel, 1995, p. 21.
2. PLUTARQUE, In *Sur les délais de la justice divine*, Actes Sud, coll. Babel, 1995, p. 21.
3. D. O'MAHONY, J. DOAK, In *Reimagining restorative justice*, Hart Publishing, 2017, p. 27.
4. M.H. VERNERIS, « Justice et pardon, une cohabitation possible derrière les barreaux ? », préc., p. 215.
5. N. QUELOZ, C. JACCOTTET TISSOT, N. KAPFERER, M. MONA (éds), In *Mettre l'humain au centre du droit pénal : les apports de la justice restaurative*, Schulthess, 2018, p. V.

d'une rencontre active dans un espace sûr et sécurisé. Sans mettre à mal les prérogatives des acteurs de la chaîne pénale, les mesures restauratives offrent aux protagonistes « *une dynamique réintégrative* » [1]. Les parties retrouvent alors la parole, souvent confisquée dans le cadre du procès pénal. Ce processus substitue donc la passivité des individus, propre aux modèles rétributif et réhabilitatif classiques, à leur participation active. En outre, contrairement au procès pénal qui se déroule verticalement, le dispositif restauratif se déploie horizontalement [2]. Ainsi, les mesures de ce processus s'éloignent du schéma type de la justice pénale basée sur une procédure inquisitoire qui oppose davantage l'auteur à la puissance publique. En d'autres termes, pour conduire les protagonistes à un « *apaisement individuel et social* » [3], la justice restaurative délaisse le chemin procédural classique, au profit d'une étroite interaction entre les intéressés.

La justice restaurative semble favorable à une redistribution des rôles de l'État et de la communauté dans le traitement des conflits d'ordre pénal. Au sein de ce processus, le premier apparait être responsable du maintien de l'ordre public, quant à la communauté, elle s'impose comme garante du maintien de la paix sociale. Ce dispositif élargit donc le cercle des intéressés à la communauté, notion étrangère à l'organisation politique et judiciaire française [4].

---

1. R. CARIO, In *La justice restaurative en France. Une utopie créatrice et rationnelle*, *op. cit.*, p. 62.
2. R. CARIO, *Ibid.*
3. E. TILLET, « Histoire des doctrines pénales », préc., p. 103.
4. K. MOONKWI, *Essai sur la justice restaurative illustré par les exemples de la France et de la Corée du Sud*, Thèse de doctorat, Université Montpellier, 2015, p. 53.

2. Une justice guidée par la notion de communauté

Dans les modèles rétributifs, utilitaristes et réhabilitatifs [1], l'État se substitue aux membres de la communauté. Toutes les étapes de la procédure pénale sont guidées par les professionnels de justice, à l'instar des officiers de police judiciaire et des magistrats. En d'autres termes, le système de justice pénale actuel méconnait le rôle de la communauté dans la régulation des conflits d'ordre pénal puisqu'elle « *n'a de voix qu'à travers celle des représentants autorisés* » [2]. En outre, la monopolisation des poursuites pénales par l'État anéantit tout sens de la communauté chez les justiciables. Or, les membres de la communauté ont un rôle à jouer dans le traitement des conflits de nature pénale pour consolider le bien-être social et assurer la prévention des infractions. De surcroît, la notion de communauté étant mal vue en France, le terme de société civile est préféré [3].

La justice restaurative quant à elle inclut la communauté dans son processus car, d'une part, elle a « *le désir d'ouverture du conflit à tous* » [4], d'autre part, elle permet à la victime et à l'auteur de se rencontrer et d'échanger en présence de médiateurs, membres à part entière de la communauté. La justice restaurative s'attache à être « *au plus près des justiciables, de leurs proches et de leurs communautés d'appartenance* » [5], car elle part du postulat qu'ils ont tous un rôle à jouer dans la socialisation du désir

---

1. Il s'agit des modèles classiques de justice pénale que notre système s'est offert « successivement, alternativement ou cumulativement : la rétribution de l'acte, la réhabilitation de l'infracteur, la réparation de la victime et/ou la restauration de l'harmonie sociale », V. not., R. CARIO, In *Justice restaurative. Principes et promesses*, *op. cit.*, p. 56.

2. R. CARIO, « La justice restaurative : principes et promesses (A propos de l'œuvre d'Howard Zehr), préc., p. 5.

3. S. ABDELLAOUI, N. AMADIO, P. COLIN (dir.), « Freins et leviers de la justice restaurative en France », Note de synthèse, Déc. 2016.

4. R. CARIO, « La justice restaurative : vers un nouveau modèle de justice pénale ? », préc., p. 373.

5. R. CARIO, « Justice pénale et justice restaurative : entre complémentarité et autonomie assumées », Dalloz, AJ pénal, 2017, p. 252.

de vengeance pour les victimes et de la culpabilité pour les auteurs.

Au sein de ce processus, la communauté d'individus renvoie au « *collectif-partie prenante du conflit* » [1]. Il s'agit d'une logique dans laquelle les ennemis deviennent des adversaires avec lesquels il est possible de communiquer et relationner pour envisager et partager un avenir apaisé. Il y a donc une rupture avec le procès pénal qui incarne un affrontement et une stricte opposition tripartite entre le mis en cause, la victime et la société [2].

Le processus restauratif apparait se construire « *par et pour la communauté* » [3]. La présence de cette dernière coule de source dans la mesure où la philosophie restaurative considère que tous les individus sont interconnectés et liés par des relations intersubjectives inéluctables. Les conflits de nature infractionnelle anéantissent les interactions et fragilisent le réseau relationnel de toute la communauté [4]. De fait, leur régulation ne doit pas concerner que les institutions judiciaires. Elle doit également impliquer le groupe social en son entier pour recomposer l'équilibre de la communauté. En intégrant la collectivité et certaines catégories sociales, cela permettrait de mieux responsabiliser les auteurs d'infraction. En outre, l'ensemble des modalités restauratives partent du principe que les communautés sont efficaces pour prévenir et réduire les facteurs qui ont pu mener au fait délictueux ou criminel [5].

La communauté occupe donc une place prépondérante dans le processus restauratif. Or, cette notion est étrangère au système français hypercentralisé. Notre tradition républicaine ne se révèle

1. S. ABDELLAOUI, N. AMADIO, P. COLIN (dir.), « Freins et leviers de la justice restaurative en France », préc.
2. K. AISSAOUI, In *La victime d'infraction pénale, de la réparation à la restauration*, préc., p. 306.
3. CNAV, Rapport du groupe de travail, préc., p. 8.
4. R. CARIO, In *La justice restaurative en France. Une utopie créatrice et rationnelle*, *op. cit.*, p. 43.
5. R. CARIO, In *Justice restaurative. Principes et promesses*, *op. cit.*, p. 75.

pas particulièrement propice « *aux mobilisations communautaires que préconise le corpus restauratif* » [1]. De surcroît, il y a une réelle réticence éprouvée à l'égard de l'intervention de la communauté dans le champ pénal. Une grande majorité considère que l'État doit demeurer l'unique garant d'une réponse pénale juste et équitable.

L'importance du concept de communauté dans le processus et les modalités restauratives constitue donc un énième obstacle au développement de cette façon de faire justice dans le système français.

Dans la mesure où la justice restaurative considère que les protagonistes de l'infraction sont eux-mêmes capables de réguler, sous la responsabilité de tiers neutres et formés, leurs conflits, cette nouvelle façon de faire justice se heurte à notre représentation culturelle contenue dans les fondements de l'organisation judiciaire française [2]. Cette remise en cause du schéma type de la justice pénale, « *tacitement inscrit dans l'inconscient collectif* » [3], est difficilement acceptée par les pouvoirs publics, les institutions judiciaires ainsi que les justiciables.

B) Une remise en cause difficilement acceptée

Le processus restauratif considère que c'est par la réparation, et non par la peine, que la trace laissée par l'infraction peut être estompée. Cette façon innovante de faire justice remet donc en cause le « *modèle quasi unique de la justice rétributive* » [4] dont l'objectif principal est de punir le coupable qui a violé la loi. En

---

1. J. FAGET, « Les dynamiques de transfert des idées restauratives », Raisons politiques, 2015, n° 59, p. 117.
2. I. DRÉAN-RIVETTE, In *La criminologie en Amérique. Perspectives comparées France-Canada*, *op. cit.*, p. 31.
3. *Ibid.*
4. G. RABUT BONALDI, « La mesure de justice restaurative, ou les mystères d'une voie procédurale parallèle », préc., p. 97.

empruntant une telle démarche contraire à la logique et à la philosophie de la justice pénale classique, la justice restaurative peine à être réellement reconnue par les institutions judiciaires et les justiciables. Elle suscite de nombreuses craintes et critiques (1) qui ne sont pas toutes légitimes dans la mesure où cette « *justice souple* » [1] n'a pas pour ambition de se substituer à la justice pénale traditionnelle puisqu'elle se destine, uniquement, à être complémentaire (2).

1. Une justice innovante vivement critiquée

Avant de développer les nombreuses critiques adressées à ce processus, il convient de préciser que de réelles craintes légitimes sont mises en avant par les chercheurs et praticiens. Bien que la justice restaurative apparaisse comme « *un idéal intuitif de justice dans un idéal vague de société* » [2], cette dernière présente le risque, d'une part, de faire l'objet de manipulations idéologiques, politiciennes ou victimaires, d'autre part, d'être instrumentalisée [3]. S'agissant des auteurs, il est possible d'envisager de leur part une instrumentalisation de la victime et du système judiciaire. Il s'agit d'un risque majeur, car elle peut conduire la victime à une victimisation secondaire. En ce qui concerne les victimes, il est légitime de s'interroger sur l'intérêt et l'opportunité des mesures restauratives, car leur reconstruction identitaire peut davantage passer par la volonté d'oublier les faits et leur auteur

1. K. AISSAOUI, In *La victime d'infraction pénale, de la réparation à la restauration*, préc., p. 307.
2. L. WALGRAVE, « La justice restaurative : à la recherche d'une théorie et d'un programme », Criminologie, 1999, pp. 7 et s.
3. L. WALGRAVE, « La justice restaurative : à la recherche d'une théorie et d'un programme », préc., pp. 7 et s.

que par une rencontre directe ou indirecte avec lui. Certaines victimes invoquent effectivement un « *droit à l'oubli* » [1]. Parallèlement, il est tout à fait envisageable qu'en maintenant durablement la victime dans le processus pénal, la justice restaurative soit contre-productive et de nature à la « *cristalliser dans une plainte infinie* » [2]. Il y a le danger que la démarche des acteurs du processus soit animée par la recherche d'une rétribution, d'une dispense de peine et/ou d'autres avantages.

En déconstruisant un certain nombre de paradigmes à la base de notre système judiciaire, cette justice souple est analysée comme portant atteinte à la fonction punitive et rétributive de la peine, au nom « *d'un humanisme fortement teinté d'idéologie* » [3]. Effectivement, on lui reproche d'être « *une idéologie de l'harmonisation ou un romantisme de la pacification* » [4] qui ne semble pas prendre suffisamment en compte les inégalités inéluctablement présentes au sein de la société. En outre, il y a un risque de normalisation du traitement pénal susceptible d'entrainer une perte d'efficience du processus judiciaire. L'ensemble des mesures restauratives sont vues comme un danger et la marque d'une « *pénalisation du social* » [5] de nature à brouiller les domaines de compétence entre les professionnels de la chaîne pénale, les acteurs de la justice restaurative et de la société civile.

Ces critiques résultent de la difficulté à établir un modèle commun de cette justice aussi innovante que complexe. En raison

1. Audition de A. BOULAY dans le cadre du Rapport n° 641 (2013-2014) de J.P. MICHEL, fait au nom de la commission des lois, 18 juin 2014, pp. 89-92.
2. R. CARIO, « De la victime oubliée… à la victime sacralisée », préc., p. 491.
3. D. DASSA-LE DEIST, « La consécration d'une justice restaurative : une mesure nouvelle, mais pour restaurer quoi ? », Gaz. Pal., 21 oct. 2014, p. 5.
4. N. QUELOZ, C. JACCOTTET TISSOT, N. KAPFERER, M. MONA (éds), In *Mettre l'humain au centre du droit pénal : les apports de la justice restaurative*, *op. cit.*, p. 6.
5. P. MARY, In *Insécurité et pénalisation du social*, Labor, coll. Quartier libre, 2003.

de l'insaisissabilité de cette nouvelle façon de faire justice, elle est fréquemment assimilée à une « *sous-justice* » [1], freinant encore un peu plus sa reconnaissance et son développement dans le système de justice pénale français. Elle est perçue comme une justice au rabais, car la société continue de penser qu'une approche trop humaniste de la sanction pénale n'est pas une véritable punition. Il y a encore l'idée très enracinée que si la peine ne cause pas de souffrances aux condamnés, autrement dit, si la « *peine est plus douce* » [2], alors elle ne répond pas au mal commis ni à la transgression de la loi. En prônant la peine resocialisante, la justice restaurative semble difficilement pouvoir trouver sa place dans cette organisation où l'équation entre punition et incarcération s'impose comme l'unique réponse valable aux délits et crimes [3].

Au demeurant, l'ensemble de ces critiques résultent, quasiment toutes, d'une traduction « *erronée, voire abusive* » [4], de la logique et des modalités restauratives. Il y a une crainte que cette nouvelle manière de faire justice entraine un « *glissement de pouvoir* » [5]. Or, cette interprétation est inexacte, car cette justice souple n'a pas vocation à remplacer la justice pénale existante. Elle se destine uniquement à la compléter, d'une part, pour maximiser la réparation intégrale de la victime et la responsabilisation de l'auteur, d'autre part, pour organiser la restauration de lien social rompu par l'infraction [6].

1. V. DANDONNEAU, « Retour sur une expérimentation européenne de médiation post-sentencielle », AJ pénal, 2011, p. 225.
2. J.M. DEJENNE, In *Rendre (la) justice au-delà des prétoires : exécuter les peines*, Sciences Humaines, coll. Les entretiens d'Auxerre, 2013, pp. 183-194.
3. Audition de A. BOULAY dans le cadre du Rapport n° 641 (2013-2014).
4. R. CARIO, In *Justice restaurative. Principes et promesses*, *op. cit.*, p. 68.
5. R. CARIO, In *La justice restaurative en France. Une utopie créatrice et rationnelle*, *op. cit.*, p. 14.
6. K. AISSAOUI, In *La victime d'infraction pénale, de la réparation à la restauration*, préc., p. 305.

2. Une justice innovante exclusivement complémentaire

La justice restaurative doit être appréhendée comme un complément au procès pénal [1], car elle offre un nouvel espace de paroles pour permettre aux intéressés, voire à leurs proches, d'échanger et de partager autour des souffrances qui perdurent après l'infraction pénale [2].

Cette nouvelle façon de rendre justice fait le lien avec le procès pénal qui sanctionne. Parallèlement au jugement et à la condamnation, cette doctrine d'action pénale doit être mise en œuvre pour apporter une réponse aux incompréhensions qui résultent de l'acte pénalement répréhensible [3]. C'est un outil additionnel qui se révèle focalisé uniquement sur « *l'apurement du conflit* » [4]. Les rencontres restauratives permettent donc d'accomplir l'Œuvre de justice, en totale complémentarité avec les prétoires.

Au sein de ce processus, les intéressés ont, pour la première fois, la possibilité d'exprimer deux interrogations, sources de souffrance morale durant toutes les phases de la procédure pénale [5]. Ces questions cruciales portent, d'une part, sur les raisons pour lesquelles l'infraction est arrivée, d'autre part, sur les moyens à mettre en œuvre pour sortir du conflit né de cette situation infractionnelle. La justice restaurative s'inscrit donc au sein

---

1. K. AISSAOUI, In *La victime d'infraction pénale, de la réparation à la restauration*, préc., p. 305.
2. R. CARIO, In *La justice restaurative en France. Une utopie créatrice et rationnelle*, *op. cit.*, p. 62.
3. S. JACQUOT, Y. CHARPENEL, In *La justice réparatrice. Quand victimes et coupables échangent pour limiter la récidive*, *op. cit.*, p. 17.
4. V. DANDONNEAU, « Retour sur une expérimentation européenne de médiation post-sentencielle », préc., p. 225.
5. R. CARIO, In *La justice restaurative en France. Une utopie créatrice et rationnelle*, *op. cit.*, p. 11.

du système de justice pénale actuel et en totale interdépendance avec celui-ci pour le rendre plus humain [1].

Il s'agit d'une doctrine d'action pénale apte à rendre le processus judiciaire davantage fiable, car elle est susceptible d'apporter une réponse à tous les conflits résultant d'un comportement antisocial, et ce même lorsqu'il y a eu classement sans suite, non-lieu ou encore prescription. *A fortiori*, elle œuvre pour renforcer l'efficacité de la justice pénale [2]. La justice restaurative n'a donc pas vocation à se substituer aux modèles classiques de justice pénale, seulement d'associer « *le pessimisme de l'intelligence à l'optimiste de la volonté* » [3]. Elle doit être interprétée comme une nouvelle forme de réponse pénale qui s'ajoute à l'action publique et à l'action civile pour atténuer l'ire vengeresse et le besoin de « *justice de place publique* » [4]. Ainsi, bien que la justice pénale actuelle et la justice restaurative soient de nature différente et reposent sur des orientations divergentes, elles peuvent constituer un « *duo* » [5] pour exister ensemble et s'enrichir mutuellement. L'idée sous-jacente c'est d'aménager des ouvertures au sein du modèle rétributif classique et du modèle restauratif innovant afin que chacun puisse contribuer à l'Œuvre de justice dans le respect de leurs spécificités [6].

Ainsi, la justice restaurative doit être prise pour ce qu'elle est : une possibilité supplémentaire de prolonger et comprendre les

---

1. R. CARIO, In *La justice restaurative en France. Une utopie créatrice et rationnelle*, *op. cit.*, p. 11.
2. R. CARIO, In *Justice restaurative. Principes et promesses*, *op. cit.*, p. 72-73.
3. R. ROLLAND, In *Lettres de prison*, Gallimard, coll. Témoins, 1971, p. 220.
4. S. JACQUOT, Y. CHARPENEL, In *La justice réparatrice. Quand victimes et coupables échangent pour limiter la récidive*, *op. cit.*, p. 85.
5. *Ibid.*
6. N. QUELOZ, C. JACCOTTET TISSOT, N. KAPFERER, M. MONA (éds), In *Mettre l'humain au centre du droit pénal : les apports de la justice restaurative*, *op. cit.*, p. 67.

effets du processus judiciaire [1]. Pour éviter toute logique d'affrontement entre les différents modèles de justice pénale et ne pas tomber dans la « *dichotomie* » [2], cette justice innovante doit s'entendre comme une « *boussole* » [3] susceptible de conduire le système pénal vers un nouveau paradigme (§2).

§2. Un processus porteur d'un nouveau paradigme

Tout en se situant dans la continuité des modèles classiques de justice pénale, le processus restauratif opère une « *rupture épistémologique* » [4], car en son sein, victime, délinquant et, lorsqu'il y a lieu, tout membre de la communauté ont la possibilité d'être « *acteurs de leur propre histoire judiciaire* » [5]. De fait, elle implique de repenser l'objet même de la raison d'être de la machine pénale, à savoir la notion d'infraction (A) et le sens de la peine (B).

A) Une approche nouvelle de l'infraction pénale

N'importe quel groupe humain est exposé aux comportements déviants de certains individus [6]. Ces comportements sont généralement considérés comme indésirables car ils sont contraires à la norme sociale majoritairement acceptée par l'ensemble du

---

1. S. JACQUOT, Y. CHARPENEL, In *La justice réparatrice. Quand victimes et coupables échangent pour limiter la récidive*, *op. cit.*, p. 53.
2. N. QUELOZ, C. JACCOTTET TISSOT, N. KAPFERER, M. MONA (éds), In *Mettre l'humain au centre du droit pénal : les apports de la justice restaurative*, *op. cit.*, p. 67.
3. R. CARIO, In *La justice restaurative en France. Une utopie créatrice et rationnelle*, *op. cit.*, p. 48.
4. R. CARIO, « La justice restauratrice : principes et promesses (A propos de l'œuvre d'Howard Zehr), préc., p. 5.
5. D. L'HOUR, « Le secteur associatif : un acteur incontournable mais méconnu des mutations judiciaires », préc., p. 228.
6. T. GARÉ, C. GINESTET, In *Droit pénal. Procédure pénale*, 12e Ed., Dalloz, HyperCours, sept 2020, p. 1.

groupe. Ces mêmes comportements sont susceptibles de constituer des infractions pénales. Étymologiquement, l'infraction correspond au « *fait d'enfreindre la loi* » [1]. La logique pénale analyse techniquement cette notion comme une violation légale et étatique [2] (1). La philosophie restaurative, quant à elle, propose des paradigmes alternatifs pour penser l'infraction pénale comme une violation des personnes [3] (2).

1. L'infraction à travers le prisme de la logique pénale

Ce concept-clé du droit pénal intéresse tant les juristes que les anthropologues et sociologues. Juridiquement, la notion de l'infraction renvoie à tout comportement prohibé par la loi pénale et qui justifie le prononcé d'une peine [4]. Du point de vue de l'anthropologie, elle est « *le symptôme d'une personnalité dangereuse caractérisée par une lésion localisée du cerveau* » [5]. Enfin, pour les sociologues, elle est avant tout un acte agressif perpétré par une personne, membre d'un groupe social, contre une ou plusieurs valeurs partagée(s) par ce même groupe [6]. Dans le cadre de ce travail de recherche, il est possible de la définir comme une « *action ou une omission violant une norme de conduite strictement définie par un texte d'incrimination* » [7].

Pour qu'un comportement soit jugé délictueux, le droit pénal exige que plusieurs critères cumulatifs soient remplis. Tout

---

1. B. BOULOC, In *Droit pénal général*, 25e Ed., Dalloz, coll. Précis, 2017, p. 1.
2. *Ibid.*
3. M.H. VERNERIS, « Justice et pardon, une cohabitation possible derrière les barreaux ? », *op. cit.*, p. 215.
4. B. BOULOC, In *Droit pénal général*, *op. cit.*, p. 93.
5. *Ibid.*
6. *Ibid.*
7. S. GUINCHARD, T. DEBARD, In *Lexique des termes juridiques*, 28e Ed, Dalloz, coll. Lexiques, 2020-2021, p. 564.

d'abord, il faut un fait matériel [1]. Cela renvoie à la maxime « *pas d'infraction sans activité matérielle* ». De façon concomitante, il faut un élément moral, car l'infraction pénale se définit également par rapport à l'état d'esprit de son auteur [2]. Le droit pénal exige effectivement une intention ou un dol ou bien encore une faute d'imprudence ou de négligence pour qu'un comportement soit infractionnel [3]. Cela renvoie à la théorie générale de l'élément moral prévue par le législateur [4]. En outre, il est nécessaire que le fait soit « *contraire à l'ordre social* » [5]. Un comportement est délictueux lorsqu'il méconnait les valeurs établies comme fondamentales par l'État à travers la loi pénale. De fait, l'infraction se fonde sur une sélection « *de valeurs ou d'intérêts dont le respect est jugé indispensable au maintien de l'ordre social* » [6] et dont la violation est prohibée.

Parallèlement, le droit pénal est basé sur des principes fondateurs, à l'instar de la légalité, de la présomption d'innocence ou encore de l'égalité devant la loi, qui cadrent l'exercice de la justice [7]. Ces principes, ne souffrant d'aucune exception, se destinent à protéger les individus contre les abus de pouvoir de l'État, seul titulaire du droit de punir [8]. Si la puissance étatique détient ce monopole, c'est parce que les contraventions, les crimes et délits sont analysés par la logique pénale, avant tout, comme des atteintes à l'autorité de la loi et à la puissance publique.

---

1. T. GARÉ, C. GINESTET, In *Droit pénal. Procédure pénale*, *op. cit.*, p. 2.
2. C. CARREAU, « Publicité fausse ou de nature à induire en erreur – Publicité comparative », Dalloz, Rép. pén., oct. 2004, pp. 138-140.
3. G. ROYER, « Crédit », Dalloz, Rép. pén., avr. 2011, p. 32.
4. Art. 121-3 C. pén.
5. T. GARÉ, C. GINESTET, In *Droit pénal. Procédure pénale*, *op. cit.*, p. 2.
6. X. PIN, In *Droit pénal général*, 12e Ed., Dalloz, coll. Cours, oct. 2020, p. 3.
7. N. QUELOZ, C. JACCOTTET TISSOT, N. KAPFERER, M. MONA (éds), In *Mettre l'humain au centre du droit pénal : les apports de la justice restaurative*, *op. cit.*, p. 65.
8. T. GARÉ, C. GINESTET, In *Droit pénal. Procédure pénale*, *op. cit.*, p. 2.

Sans méconnaitre les principes directeurs du droit pénal, la justice restaurative se base quant à elle sur « *un système de valeurs* » [1] lui permettant d'appréhender l'infraction pénale d'une façon moins technique et plus humaine.

2. L'infraction à travers le prisme de la philosophie restaurative

Dans ce processus, l'infraction pénale est « *une relation interpersonnelle* » [2]. L'acte légalement prohibé n'enfreint pas qu'une loi. Il brise également les liens intersubjectifs de la communauté [3]. Le comportement délictueux ou criminel constitue non seulement une atteinte au texte législatif « *mais, plus encore, une atteinte à l'équilibre de la vie de la communauté* » [4]. À travers le prisme de la justice restaurative, l'infraction n'est pas qu'un fait juridique. C'est aussi et avant tout un fait de l'Homme. *De facto*, là où la justice pénale érige le comportement infractionnel uniquement en violation légale et étatique, la logique restaurative en fait une violation des personnes [5].

Si le modèle restauratif appréhende l'acte légalement prohibé de cette manière, c'est parce qu'un ensemble de valeurs le soustend. La première est le respect de chaque personne [6]. Le mis en

1. N. QUELOZ, C. JACCOTTET TISSOT, N. KAPFERER, M. MONA (éds), In *Mettre l'humain au centre du droit pénal : les apports de la justice restaurative, op. cit.*, p. 65.
2. K. AISSAOUI, In *La victime d'infraction pénale, de la réparation à la restauration*, préc., p. 305.
3. M.H. VERNERIS, « Justice et pardon, une cohabitation possible derrière les barreaux ? », préc., p. 219.
4. CNAV, Rapport du groupe de travail, *La justice* restaurative, préc., p. 3.
5. R. CARIO, « Justice restaurative », préc., para. 25.
6. D. L'HOUR, « Les associations socio-judiciaires : un rôle méconnu », Dalloz, JA, 2008, p. 20.

cause ne se réduit pas uniquement au fait qu'il a commis [1]. De la même façon, la victime ne se résume pas seulement aux préjudices qu'elle a subis. En d'autres termes, au sein de la justice restaurative, les protagonistes ne se définissent pas exclusivement à travers l'infraction pénale. Ils la transcendent, leur permettant ainsi de prendre conscience de ce qu'ils partagent et pas uniquement de ce qui les oppose [2]. De là en découle la seconde valeur, l'empathie [3]. Avec le processus restauratif, chacun a la possibilité de se mettre à la place de l'autre et de savoir ce qu'il/elle vit et ressent après l'infraction. Cette doctrine d'action pénale apparait alors plus humaine dans son approche que la justice pénale classique, car elle s'attache davantage à comprendre qu'à savoir [4]. Pour ce faire, elle encourage les débats et les échanges actifs autour de l'infraction pénale qui n'est plus essentiellement analysée comme une « *transgression normative* » [5].

Par voie de conséquence, la justice restaurative semble propice à substituer, en son sein, la notion de l'infraction par une expression plus neutre, telle que le concept de « *situation problématique* »[6] ou « *situation-problème* » [7] qui se révèle moins

1. N. QUELOZ, C. JACCOTTET TISSOT, N. KAPFERER, M. MONA (éds), In *Mettre l'humain au centre du droit pénal : les apports de la justice restaurative, op. cit.*, p. 65.
2. J. FAGET, In *Médiations : les ateliers silencieux de la démocratie*, Érès, coll. Trajets, 2015, p. 391.
3. N. QUELOZ, C. JACCOTTET TISSOT, N. KAPFERER, M. MONA (éds), In *Mettre l'humain au centre du droit pénal : les apports de la justice restaurative, op. cit.*, p. 65.
4. E. COHEN, M. DENIS-LINTON, J.Y. DUPEUX, In *L'exigence de justice. Mélange en l'honneur de Robert Badinter*, Dalloz, coll. Études, mélanges, travaux, 2016.
5. M. PARIGUET, « Une autre rationalité pénale », Dalloz, RSC, 2014, p. 543.
6. V. STRIMELLE, « L'emprunt aux « justices de l'indivisible ». Réflexions sur les modèles de justice restauratrice à l'épreuve de la société vindicatoire », préc., p. 24.
7. J. BERNAT DE CELIS, L.H.C HULSMAN, In *Peines perdues, le système pénal en question*, Le Centurion, coll. DHS, 1982, p. 119.

stigmatisant. En outre, cet instrument conceptuel neutre permet d'appréhender les évènements indésirables « *avec un regard plus ouvert* » [1]. De surcroît, il offre la possibilité aux acteurs directement impliqués d'envisager par eux-mêmes, avec l'assistance de bénévoles formés et de professionnels, les solutions susceptibles, d'une part, de restaurer l'harmonie et la paix sociale, d'autre part, de réparer et resserrer les liens brisés [2].

En reconsidérant les comportements indésirables comme des atteintes « *à une(des) personne(s)* » [3], le modèle restauratif s'inscrit implicitement dans un mouvement de « *dé-juridicisation* » [4] du droit pénal qui amène à repenser le sens de l'autre concept-clé du processus judiciaire, la peine (B).

B) Un sens nouveau de la peine

Depuis le XXe siècle, le système français des peines fait l'objet de vives critiques eu égard à son efficience limitée et à son manque d'adaptation face au glissement du phénomène criminel [5]. Le modèle restauratif propose alors, d'une part, de réfléchir sur le sens de la peine (1), d'autre part, d'élaborer une réponse pénale alternative et responsabilisante (2).

---

1. M. COQUET, In *De l'abolition du système pénal : Le regard de Louk Hulsman*, Campus ouvert, 2016, p. 107.
2. N. QUELOZ, C. JACCOTTET TISSOT, N. KAPFERER, M. MONA (éds), In *Mettre l'humain au centre du droit pénal : les apports de la justice restaurative*, *op. cit.*, p. 66.
3. R. CARIO, In *Justice restaurative. Principes et promesses*, *op. cit.*, p. 57.
4. M. ANCEL, In *La défense sociale nouvelle (un mouvement de politique criminelle humaniste*), 3e Ed., Cujas, 1954, p. 210.
5. Y. JEANCLOS, In *La peine. Miroir de la justice*, Lextenso, coll. Clefs politiques, 2012, p. 9.

1. Une réflexion sur le sens de la peine

Traditionnellement, dans la logique répressive classique, la sanction pénale a deux fonctions essentielles : la rétribution et la neutralisation [1]. Autrement dit, la peine vise d'une part, à compenser les préjudices subis, d'autre part, à ôter à l'auteur toute « *opportunité délinquantielle* » [2] en l'éloignant de son milieu criminogène. Pour ce faire, la justice pénale prévoit l'emprisonnement ou l'interdiction de fréquenter certains lieux ou/et d'exercer certaines activités. La peine est donc tournée tant vers le passé que vers l'avenir [3].

Tout en conservant ses fonctions traditionnelles, la peine s'est modernisée au lendemain de la Seconde Guerre mondiale [4]. Elle poursuit des ambitions plus utilitaires et on lui attribue une « *fonction réhabilitatrice* » [5]. Désormais, toute sanction pénale doit favoriser « *l'amendement et le reclassement social du condamné* » [6]. Le législateur parle notamment d'*insertion* ou de *réinsertion* [7]. Parallèlement à la rétribution et à l'intimidation, la peine doit réadapter psychologiquement, intellectuellement, professionnellement et médicalement les condamnés. Cela est primordial car une répression qui ne se préoccupe pas de préparer la réinsertion des délinquants dans leur vie familiale, sociale et économique est « *une œuvre vaine ou inhumaine* » [8]. Le modèle

---

1. C. MÉNABÉ, « Criminologie », préc., pp. 183-184.
2. *Ibid.*
3. B. BOULOC, In *Droit pénal général*, *op. cit.*, p. 436.
4. Cette modernisation de la peine est, en partie, due à la « réforme Amor » de mai 1945, inspirée du courant criminologique de la « défense sociale ».
5. P. AUVERGNON, « Travail pénitentiaire », Dalloz, Rép. pén. trav., oct. 2018, p. 2.
6. P. COUVRAT, « La politique criminelle pénitentiaire à l'image de l'expérience française depuis 1945 », Dalloz, RSC, 1985, p. 231.
7. Art. 130-1 C. pén.
8. B. BOULOC, In *Droit pénal général*, *op. cit.*, p. 434.

restauratif partage avec le système de justice pénale actuel cette humanisation de la sanction pénale [1].

Néanmoins, à la différence du système français des peines, ce processus rejette la nature afflictive et infamante de la sanction pénale. La répression continue d'être éminemment infamante dans les modèles rétributifs et réhabilitatifs classiques, car elle pointe du doigt les personnes auteurs qui font alors l'objet d'une réprobation sociale. Par voie de conséquence, même si les condamnés ne sont plus touchés « *dans leur chair* » [2], la peine demeure, par essence, afflictive. Elle les touche dans leur liberté, leurs droits, leur patrimoine ainsi que dans leur réputation pour qu'ils ressentent « *quelque chose de pénible, une souffrance* » [3] susceptible de les convaincre de ne pas récidiver.

La justice restaurative se dresse contre ce sens de la peine. Elle envisage un autre message que celui de l'utilitarisme et de la dissuasion qui affirme que le coupable n'a que ce qu'il mérite [4]. Dans cette justice innovante, il est davantage question d'un droit de la probation qui véhicule l'idée selon laquelle la personne auteure doit effectivement être punie mais tout en conservant sa place au sein de la société [5]. L'idée sous-jacente est que tout délinquant vaut « *mieux que ses actes* » [6]. En parallèle, ce processus véhicule une solidarité, à l'instar de Jean Jaurès qui affirmait déjà en 1908 que « *nous sommes tous solidaires de tous*

---

1. D. VIRIOT-BARRIAL, « Dignité de la personne humaine », Dalloz, Rép. pén., juin 2014, p. 77.
2. F. BARBIER-CHASSAING, J.B. CRABIÈRES, L. PAQUIN, M. QUÉMÉNER, « réquisitoire », p. 431.
3. B. BOULOC, In *Droit pénal général*, *op. cit.*, p. 440.
4. Audition D. SALAS dans le cadre du Rapport n° 641 (2013-2014), préc., pp. 61 et s.
5. *Ibid.*
6. P. RICOEUR, In *La mémoire, l'histoire, l'oubli*, Seuil, coll. Points Essais, 2000.

les Hommes même dans le crime » [1]. Ainsi, la justice restaurative réexamine le sens de la peine pour que la répression prenne enfin à son compte cette part « *de solidarité de l'État et du corps social* » [2] dans le traitement pénal des auteurs d'infraction.

En repensant ce concept-clé de la machine pénale, le processus restauratif ne doit pas pour autant être placé dans « *les logiques d'échec de la répression et de l'incarcération* » [3]. Il doit uniquement être compris comme proposant une réponse alternative et responsabilisante [4].

2. L'élaboration d'une réponse pénale alternative et responsabilisante

Le droit pénal du XXIe siècle a été marqué par l'instauration des peines dites « *de nouvelle génération* » [5]. Il s'agit notamment de la peine de jour-amende, du travail d'intérêt général, ou encore de l'assignation à résidence avec surveillance électronique. Ces peines ont comme particularité d'entrer dans la « *contractualité judiciaire* » [6], car elles résultent d'un dialogue entre le coupable et le magistrat. Ces peines non carcérales ont vu le jour pour éviter le prononcé de courtes peines d'emprisonnement, propices

1. J. JAURÈS a prononcé ces mots au sujet de l'abolition de la peine de mort lors du débat de 1908 à la Chambre des députés, 18 nov. 1908.
2. S. ZIENTARA-LOGEAY, « La réforme pénale issue du 15 août 2014 : dans le sillage de l'humanisme pénal », Criminocorpus, L'administration pénitentiaire, 1945, 1975, 2015. Naissance des réformes, problématiques, actualité, Partie 3 – La réforme pénale aujourd'hui : avancées du droit pénitentiaire et prévention des récidives, sept 2019.
3. Audition de D. L'HOUR, « Le secteur associatif : un acteur incontournable mais méconnu des mutations judiciaires, préc., p. 228.

4 *Ibid.*

5. Y. JEANCLOS, In *La peine. Miroir de la justice*, *op. cit.*, p. 139.
6. Y. JEANCLOS, In *La peine. Miroir de la justice*, *op. cit.*, pp. 137-139.

aux incarcérations inefficaces et à la désocialisation des condamnés [1]. Parallèlement, les mesures de sûreté ont pris une place importante dans la répression pénale, de sorte que la peine « *semble s'orienter de plus en plus vers la mission de guérir et de moins en moins vers celle de sévir* » [2].

La justice restaurative semble s'inscrire dans cette dynamique qui fait de la peine une « *modalité de réformation* » [3] des coupables. Pour parachever la prévention, le traitement et la réadaptation des individus condamnés, la justice restaurative opte pour un modèle associant deux logiques considérées comme antithétiques, « *punir et soigner* » [4]. À l'image du suivi socio-judiciaire, le processus restauratif promeut une réponse alternative responsabilisante qui présente un caractère intermédiaire entre la mesure de sûreté et la peine complémentaire [5]. En offrant l'opportunité aux personnes victimes ou délinquantes de bénéficier d'un espace d'écoute, respectueux de leurs droits et de leurs choix, les mesures restauratives mettent en œuvre une logique curative et un traitement sans méconnaitre et négliger la logique répressive et la sanction pénale.

Il ne faut néanmoins pas tomber dans l'illusion selon laquelle les rencontres restauratives seraient de nature à donner aux personnes délinquantes « *un équilibre jamais acquis* » [6]. Leur traitement doit nécessairement passer par un accompagnement pluridisciplinaire combinant la peine qui dit le droit, une approche

---

1. A. BEZIZ-AYACHE, « Peines complémentaires », Dalloz, Rép. pén., juin 2017, p. 5.
2. Y. JEANCLOS, In *La peine. Miroir de la justice*, *op. cit.*, p. 140.
3. Y. JEANCLOS, In *La peine. Miroir de la justice*, *op. cit.*, p. 139.
4. E. TILLET, « Histoire des doctrines pénales », *op. cit.*, p. 104.
5. https://www.senat.fr/rap/104-171/104-1713.html#fn24.
6. J.L. SENON, C. MANZANERA, « Psychiatrie et justice pénale : à la difficile recherche d'un équilibre entre soigner et punir », Dalloz, AJ pénal, 2005, p. 353.

socio-éducative ainsi qu'une action de réinsertion et, pour certains, un soutien psychiatrique et psychothérapique [1]. Ce n'est que par un travail partenarial impliquant la justice restaurative qu'une action sur le traitement et, par ricochet, sur la récidive sera déterminante [2].

En somme, la justice restaurative propose une réponse alternative et responsabilisante qui conjugue concrètement le « *punir et soigner* » [3]. Autrement dit, elle offre de nouvelles modalités de traitement de l'infraction pénale et ses conséquences. Parallèlement, elle crée de toute pièce une interface entre l'appareil judiciaire et le secteur socio-judiciaire [4].

À l'aune de ce premier chapitre, l'intégration retardée de la justice restaurative dans le système juridique français semble s'expliquer par ses multiples oppositions avec la justice actuelle. D'un point de vue synthétique, les divergences entre la justice pénale classique et ce nouveau processus se déclinent à plusieurs niveaux.

Tout d'abord, dans la logique restaurative, l'infraction pénale n'est plus analysée exclusivement comme la violation d'une règle textuelle et abstraite. Sous le prisme restauratif, un crime ou un délit est davantage perçu comme un tort causé aux personnes qui en sont victimes. Ainsi, un comportement antisocial exprime plus une atteinte portée aux membres de la société civile qu'une atteinte à l'État.

Par voie de conséquence, au sein de cette doctrine d'action pénale, la réponse de l'appareil judiciaire ne s'inscrit plus dans une dynamique horizontale qui émane du sommet et se traduit

1. *Ibid.*
2. *Ibid.*
3. *Ibid.*, p. 64.
4. CNAV, Rapport du groupe de travail : *La justice restaurative*, préc., p. 2.

par des « *procédures formalisées et rationnelles* » [1]. Dans toute modalité restaurative, la réaction au délit ou au crime découle d'un « *processus délibératif collectif, moins formel, incluant les émotions et sentiments* » [2].

Contrairement à la machine pénale, la justice restaurative ne vise pas le prononcé d'une sanction pénale proportionnée à la gravité de l'acte commis. Elle œuvre plutôt pour la restauration de l'équilibre social en octroyant un rôle central aux protagonistes du délit ou du crime.

Ainsi, l'intégration de la justice restaurative dans le droit pénal français a été retardée, car sa philosophie renverse la logique pénale rétributive et utilitariste classique et prend le contre-pied de notre schéma type de justice [3].

Malgré ce prétendu conflit notamment, mais non exclusivement, juridique entre cette façon de rendre justice et l'organisation politique et judiciaire française [4], cette justice « *recyclée, adaptée et moderne* » [5] a fini par concrètement intégrer, de façon relativement accélérée, notre arsenal législatif (Chapitre deuxième).

---

1. CNAV, Rapport du groupe de travail : *La justice restaurative*, préc., p. 7.
2. *Ibid.*
3. E. DIEU, In *Les innovations criminologiques*, *op. cit.*, p. 9.
4. R. CARIO, P. MBANZOULOU (Dir.), In *La justice restaurative : une utopie qui marche ?*, *op. cit.*, p. 53.
5. K. AISSAOUI, In *La victime d'infraction pénale, de la réparation à la restauration*, préc., p. 308.

2

Une intégration accélérée

En étant consacrée par la loi du 15 août 2014 relative à l'individualisation des peines et renforçant l'efficacité des sanctions pénales [1], la justice restaurative a tardivement intégré le droit pénal français. Malgré cette initiative législative, certains, dont David Dassa – Le Deist, considèrent que « *le 'flou' du droit restauratif* » [2] persiste.

Cette doctrine d'action pénale continue d'être perçue comme « *un objet juridique non identifié* » [3], car son intégration dans l'arsenal législatif français a été plus ou moins précipitée. Les acteurs institutionnels et les justiciables n'ont pas été suffisamment sensibilisés aux contours et aux buts de ce processus. Dès lors, l'objectif de ce chapitre est d'analyser quels ont été les facteurs qui ont conduit le corps législatif à intégrer, de façon soudaine en 2014, la justice restaurative dans notre Code de procédure pénale.

---

1. Loi n° 2014-896 du 15 août 2014 relative à l'individualisation des peines et renforçant l'efficacité des sanctions pénales.
2. D. DASSA-LE DEIST, « La consécration d'une justice restaurative : une mesure nouvelle, mais pour restaurer quoi ? », préc., p. 5.
3. L. GARNERIE, « Justice réparatrice », préc., p. 3.

Si le législateur s'est engagé sur le chemin de la reconnaissance législative de cette nouvelle façon de rendre justice, c'est parce que, d'une part, elle a été implicitement imposée par la crise du droit pénal (Section 1), d'autre part, elle a été explicitement imposée par les expériences de terrain et les textes européens plus ou moins contraignants [1] (Section 2).

Section 1. Une justice implicitement imposée

Pour rattraper le retard pris par rapport aux systèmes juridiques, majoritairement, de Common law, le sous-titre II de la loi du 15 août 2014 consacre la justice restaurative et explique ce qu'il faut entendre par ladite notion [2]. Le législateur français la présente sous la forme d'un processus qui permet aux auteurs et victimes qui y consentent expressément « *d'entrer en contact, de participer à des rencontres* » [3]. L'article 10-1 du Code de procédure pénale poursuit en affirmant que toute mesure restaurative doit être « *mise en œuvre par un tiers indépendant formé à cet effet, sous le contrôle de l'autorité judiciaire* » [4] ou de l'administration pénitentiaire [5]. Également, il est précisé qu'une modalité restaurative ne peut être déployée que si l'auteur a reconnu les faits et a bénéficié, avec la victime, d'une information claire et limpide à son sujet [6].

En vérité, cette reconnaissance législative ne résulte pas de la ferme volonté du législateur. Dans les faits, l'intégration de la justice restaurative est apparue nécessaire eu égard à l'essoufflement du droit pénal classique (§1) et de la politique pénale (§2).

1. R. CARIO, In *La justice restaurative en France. Une utopie créatrice et rationnelle*, *op. cit.*, p. 51.
2. E. DIEU, In *Les innovations criminologiques*, *op. cit.*, p. 291.
3. D. DASSA-LE DEIST, « La consécration d'une justice restaurative : une mesure nouvelle, mais pour restaurer quoi ? », préc., p. 5.
4. Art. 10-1 ali. 2 C. pr. pén.
5. *Ibid.*
6. Art. 10-1 ali. 2 C. pr. pén.

§I. Une reconnaissance législative inspirée par l'essoufflement du droit pénal

Depuis le XVIIIe siècle, le droit pénal moderne s'est organisé autour de la protection des droits fondamentaux des justiciables et de l'avènement des règles du procès équitable [1]. Toutefois, la machine pénale présente de réels dysfonctionnements qui sont à l'origine de son asphyxie.

L'appareil judiciaire est effectivement « *paralysé et débordé* » [2] en raison des travers apparents de l'inflation pénale (A) et des limites incontestables du droit de la peine (B).

A) Les travers apparents de l'inflation pénale

Pour le doyen Jean Carbonnier, avec le droit pénal, le trouble procède d'un « *accouchement perpétuel* » [3]. Effectivement, depuis les années 2000, il y a une véritable « *frénésie pénale* » [4] qui débouche sur des modifications incessantes du Code pénal (1) et une insatisfaction grandissante des justiciables (2).

---

1. R. CARIO, « La justice restaurative : vers un nouveau modèle de justice pénale ? », préc., p. 373.
2. C. JOLIBOIS, P. FAUCHON, « Quels moyens pour quelle justice », Mission d'information des Lois chargée d'évaluer les moyens de la justice, Rapport 49, 1996-1997.
3. J. CARBONNIER, In *Droit et passion du droit sous la Ve République*, éd. Flammarion, 1997, p. 136.
4. L. MUCCHIELLI, In *La frénésie sécuritaire. Retour à l'ordre et nouveau contrôle social*, éd. La Découverte, coll. Sur le vif, 2008, p. 19.

1. Des modifications incessantes de la législation pénale

Le droit pénal est marqué par une « *logorrhée législative* » [1] et ce, depuis le début du XXIe. Notre système judiciaire contemporain est confronté à une « *surproduction normative* » [2] qui débouche sur un accroissement du nombre et de la longueur des textes régissant la matière pénale [3]. Soixante-dix lois sont venues modifier le Code pénal et le Code de procédure pénale entre 2002 et 2007 [4]. Une telle « *frénésie législative* » [5] malmène la qualité et la prévisibilité de la loi. Cette activité si singulière du législateur, qui met à mal la sécurité juridique, résulte, en partie, des évènements qui ont eu lieu au début des années 2000. L'affaire d'Outreau, les attentats du 11 septembre 2001, ou encore les émeutes urbaines de 2005 ont effectivement opéré un changement radical et profond du droit pénal [6]. Face à ce type de fait, la réponse gouvernementale et législative emprunte toujours la même voie : « *une loi votée dans l'urgence* » [7] dont l'appropriation est épineuse tant pour les professionnels et praticiens que pour les citoyens.

La prolifération de lois aboutit à se demander si « *trop de droit n'endort-il pas l'action ?* » [8]. La justice pénale n'était-elle pas étouffée par trop de droit pénal ? Notre système répressif apparait alors occulte, car nul n'est en mesure de recenser avec

1. F. FOURMENT, « Ratio legis, égalité et droit commun », Gaz. Pal., 21 avr. 2012, p. 3.
2. DALLOZ Étudiants – Act, « Que dénonce l'expression « la logorrhée législative ? », 8 mars 2013.
3. *Ibid.*
4. L. MUCCHIELLI, In *La frénésie sécuritaire. Retour à l'ordre et nouveau contrôle social, op. cit.*, p. 19.
5. J. MASSIP, « Le doyen Jean Carbonnier, je me souviens », LPA, 18 nov. 2003, p. 4.
6. L. MUCCHIELLI, In *La frénésie sécuritaire. Retour à l'ordre et nouveau contrôle social, op. cit.*
7. *Ibid.*
8. J. CARBONNIER, In *Droit et passion du droit sous la Ve République, op. cit.*, pp. 136-141.

précision le nombre exact d'incriminations qui garnissent le Code pénal [1]. De façon concomitante, la machine judiciaire est « *complexe et désuète* » [2], car sur les plus de mille incriminations existantes, seulement deux cents sont utilisées en pratique [3].

En multipliant l'adoption de lois, le législateur a tendance à aggraver les peines encourues en prévoyant de nouvelles circonstances aggravantes [4]. Cette « *logique sécuritaire* » [5] provoque une répression pénale qui perd parfois tout sens. Pour illustrer cette idée, il est possible de prendre le cas de l'article 222-13 du Code pénal [6]. Laurent Mucchielli souligne, à juste titre, que des gestes violents commis, au sein d'une cour de récréation, par deux personnes tout juste majeures sur une personne de quinze ans et n'ayant entrainé aucune incapacité de travail sont susceptibles d'être punis par une peine de sept ans d'emprisonnement et 100 000 euros d'amende [7]. Une telle répression s'explique, exclusivement, par le cumul de trois circonstances aggravantes : les violences sont commises sur un mineur de quinze ans, dans un établissement scolaire et par plusieurs personnes [8]. Cet exemple démontre que la réponse pénale peut être démesurée au regard de la gravité des faits commis.

Le droit pénal apparait alors divisé entre, d'une part, une démarche sécuritaire sur le plan des incriminations et des peines

1. R. CARIO, In *La justice restaurative en France. Une utopie créatrice et rationnelle*, *op. cit.*, p. 21.
2. *Ibid.*
3. Y. CHARPENEL, In *Les rendez-vous de la politique pénale. Concilier devoir de justice et exigence de sécurité*, éd. Armand Colin, coll. Sociétales, 2006.
4. L. MUCCHIELLI, In *La frénésie sécuritaire. Retour à l'ordre et nouveau contrôle social*, *op. cit.*, p. 19.
5. *Ibid.*
6. Art. 222-13 C. pén.
7. L. MUCCHIELLI, In *La frénésie sécuritaire. Retour à l'ordre et nouveau contrôle social*, *op. cit.*, p. 23.
8. *Ibid.*

avec un « *législateur prolixe* » [1], d'autre part, une logique garantiste avec le principe *non bis in idem*, la présomption d'innocence ou encore le principe du contradictoire [2]. Ce modèle de justice pénale peine à garantir la sécurité et le procès équitable alimentant ainsi l'insatisfaction grandissante des justiciables.

2. L'insatisfaction grandissante des justiciables

Comme l'a souligné le Conseil d'État en 1991, « *Qui dit inflation, dit dévalorisation : quand le droit bavarde, le citoyen ne lui prête plus qu'une oreille distraite* » [3]. Parallèlement, la confiance des justiciables dans l'institution judiciaire ne cesse de s'effriter, comme le soulignent les études d'opinion effectuées auprès des citoyens [4]. Sur cinq années d'enquêtes réalisées entre 2013 et 2018, seulement 21 % des Français se sont déclarés satisfaits de l'action de la justice pénale et 64 % ont affirmé être insatisfaits [5].

Ce mécontentement s'explique par le décalage qu'il y a entre un modèle idéal de justice et son fonctionnement réel. Au-delà, « *beaucoup dénoncent des inégalités de traitement* » [6]. Il semble alors se dégager une critique relativement sociale et politique envers l'appareil judiciaire [7]. Pour un certain nombre de personnes,

---

1. J.P. DELEVOYE, « La lettre de la justice administrative », n° 17, nov. 2007.
2. L. MUCCHIELLI, In *La frénésie sécuritaire. Retour à l'ordre et nouveau contrôle social*, *op. cit.*, p. 28.
3. CE, Rapport public annuel 1991, *De la sécurité juridique*, éd. La documentation française.
4. R. CARIO, In *La justice restaurative en France. Une utopie créatrice et rationnelle*, *op. cit.*, p. 20.
5. K. LARCHET, « La justice pénale et ses critiques : Analyse de l'opinion sur la justice et les tribunaux dans le traitement de la délinquance », ONDRP, Grand angle, n° 50, avr. 2019, p. 3.
6. F. TRÉCOURT, « La justice déçoit d'autant plus qu'elle a été idéalisée », CNRS le Journal, 6 mars 2020.
7. *Ibid.*

la machine pénale est « *un instrument de pouvoir au service des dominants* » [1] qui reproduit les inégalités sociales.

Au regard de ce tableau peu glorieux dépeint par les sondages d'opinion, il est possible d'en déduire que les justiciables souhaitent voir une justice davantage à l'écoute et une réponse pénale plus humaine. Certains vont même plus loin et font un parallèle avec le monde médical [2]. Un médecin ne peut soigner ses patients « *sans un mot ni un regard* » [3]. De la même façon, les acteurs de la chaîne pénale doivent mettre en œuvre une démarche sensiblement similaire avec les victimes et auteurs [4]. Or, au regard du nombre exorbitant de contentieux et par manque de temps, les voies traditionnelles de saisine des juridictions pénales ont été marginalisées au profit d'une extension des procédures dites accélérées, à l'instar de l'ordonnance pénale [5] et de la composition pénale [6]. Il est nécessaire de préciser que ce type de « *circuit court* » [7] est réservé, exclusivement, aux contraventions et aux délits et est soumis à un certain nombre de conditions. Néanmoins, ces procédures simplifiées concernent la majorité des contentieux [8]. Moins de 10 % des affaires poursuivies donnent lieu à l'ouverture d'une information judiciaire [9]. Ces procédures

---

1. F. TRÉCOURT, « La justice déçoit d'autant plus qu'elle a été idéalisée », préc.
2. *Ibid.*
3. *Ibid.*
4. *Ibid.*
5. Art. 495 et 524 et s. C. pr. pén. L'ordonnance pénale est une procédure simplifiée qui peut être mise en œuvre pour certains délits. Il s'agit d'une procédure écrite sans audience de jugement ni débat préalable.
6. Art. 41-2 et s. C. pr. pén. La composition pénale est une procédure accélérée soumise à un certain nombre de conditions relatives à son champ d'application qui permet au procureur de la République de proposer directement à l'auteur des faits une sanction afin d'éviter un procès pénal.
7. Rapport d'information du Sénat, *Juger vite, juger mieux ? Les procédures rapides de traitement des affaires pénales, état des lieux*, 31 mai 2021.
8. Rapport d'information du Sénat, *Juger vite, juger mieux ? Les procédures rapides de traitement des affaires pénales, état des lieux*, 31 mai 2021.
9. *Ibid.*

accélérées prennent racine dans le traitement en temps réel et provoquent une réponse judiciaire « *plus systématique* » [1] voire automatisée pour garantir aux citoyens un traitement judiciaire dans un délai raisonnable. De telles procédures ne semblent pas compatibles avec le souhait d'une justice pénale plus humaine qui « *accepte de mettre son temps au service des justiciables* » [2].

Ces diverses critiques mettent en exergue deux difficultés. La difficile mission de faire justice et « *la difficile compréhension de cette mission et du fonctionnement de la justice* » [3]. Bien que l'appareil judiciaire ne soit pas indifférent face au drame humain qu'entrainent certaines infractions, la machine pénale est avant tout là pour faire une application stricte de la loi. Or, il y a des situations où dire le droit n'apporte pas de réponse à l'émotion découlant du fait délictueux ou criminel, alimentant ainsi chez les citoyens le sentiment d'injustice et/ou l'impression « *que justice n'a pas été rendue* » [4].

En créant d'innombrables nouvelles incriminations et peines, « *le droit pénal s'est recomposé au lieu d'évoluer* » [5], creusant ainsi un fossé entre le modèle officiel de ce droit et la réalité de terrain. Par voie de conséquence, l'insatisfaction des citoyens semble s'expliquer par la sévérité et l'inadéquation des lois pénales, sources d'incompréhension [6]. Parallèlement, le manque de confiance des justiciables dans l'institution judiciaire met en lumière les limites incontestables du droit de la peine.

---

1. *Ibid.*
2. V. DANDONNEAU, « Retour sur une expérimentation européenne de médiation post-sentencielle », préc., p. 225.
3. Mission de recherche Droit et Justice, Conférence-débat, *La justice face à l'émotion*, 3 juin 2020.
4. Mission de recherche Droit et Justice, Conférence-débat, *La justice face à l'émotion*, 3 juin 2020.
5. J.P. JEAN, « Politique criminelle et nouvelle économie du système pénal », AJ pénal, 2006, p. 473.
6. Mission de recherche Droit et Justice, Conférence-débat, *La justice face à l'émotion*, préc.

B) Les limites évidentes du droit de la peine

Ces dernières années, le droit de la peine a été modifié à de multiples reprises, suivant l'actualité « *et sans cohérence d'ensemble* » [1]. Par conséquent, il apparait « *complexe et difficile à appréhender* » [2]. En outre, ces modifications successives n'ont pas prouvé leur efficacité pour endiguer la récidive et « *éviter de nouvelles victimes* » [3].

Bien que la peine privative de liberté « *ne peut être prononcée qu'en dernier recours* » [4], l'emprisonnement a « *colonisé* » [5] notre système de justice pénale. L'extension des gardes à vue, l'allongement des temps d'incarcération ou encore l'inflation des mesures de sûreté illustrent le tournant sécuritaire pris par le droit de la peine. Toutefois, cette « *stratégie de prisonisation* » [6] substitue à l'étude des facteurs de la délinquance une répression accrue qui se solde par une surpopulation carcérale endémique (1) et une récidive toujours anormalement élevée (2).

1. Une surpopulation carcérale endémique

À partir du milieu des années 1980, l'emprisonnement est devenu, de loin, la peine la plus prononcée en France. Depuis 2007, « *plus de 4 000 années d'emprisonnement supplémentaires ont*

---

1. Loi n° 2014-896 du 15 août 2014 relative à l'individualisation des peines et renforçant l'efficacité des sanctions pénales, Exposé des motifs.
2. J. LASSERRE CAPDEVILLE, « Les modifications concernant la personnalisation de la peine », Gaz. Pal., 23 mai 2015, p. 13.
3. Loi n° 2014-896 du 15 août 2014 préc.
4. Art. 74 de la Loi n° 3009-1436 du 24 nov. 2009 pénitentiaire ; Art 132-19 C. pén.
5. V. R. MERLE, A. VITU, In *Traité de droit criminel. Problèmes généraux de la science criminelle,* Tome 1, Droit pénal général, éd. Cujas, 7e Ed., 1997, p. 900.
6. V.G. KELLENS, In Punir. Pénologie et droit des sanctions pénales, éd. Juridiques de l'Univ. Liège, 2000, pp. 76 et s.

été prononcées, par an » [1]. La peine privative de liberté s'est donc imposée comme l'unique réponse sociale aux faits délictueux et criminels [2]. Cela est palpable à la lecture du Code pénal. Tous les crimes sont punis d'une peine de réclusion criminelle. Pour la plupart des délits, la loi pénale prévoit comme peine encourue l'emprisonnement. Autrement dit, la prison comme lieu d'enfermement est omniprésente.

En raison de cette culture punitive et rétributive, le nombre de personnes condamnées à une peine privative de liberté est en constante hausse [3]. Par conséquent, les maisons d'arrêt accueillent plus de prisonniers qu'elles n'ont de places [4]. La surpopulation carcérale est telle, qu'elle est considérée comme « *un mal chronique des prisons françaises* » [5] qui expose les détenus à des conditions de détentions dégradantes et inhumaines. Cette situation, régulièrement dénoncée, résulte de l'extrême « *sévérité de la réponse pénale* » [6]. Le nombre considérablement élevé de personnes séjournant dans les établissements pénitentiaires découle de l'augmentation de la durée moyenne de la peine délictuelle, de l'accroissement des peines privatives de liberté comprises entre cinq et dix ans, de la multiplication des courtes incarcérations et du déclin exponentiel des mesures de liberté conditionnelle.

---

1. Assemblée nationale, Question écrite n° 53434, ministère de la justice, *Système pénitentiaire – Détenus - Effectifs. Perspectives*, 25 nov. 2014.
2. M.H. VERNERIS, « Justice et pardon, une cohabitation possible derrière les barreaux ? », Le sujet dans la cité, 2016, p. 217.
3. B. PENAUD, « La surpopulation carcérale n'est pas une fatalité », Gaz. Pal., 15 mai 2014, p. 5.
4. J.P. CARMINATI, In *Présumés coupables. Pour une mise en examen du système pénal*, éd. Michalon, 2006, p. 132.
5. https://oip.org/decrypter/thematiques/surpopulation-carcerale/.
6. R. CARIO, In *La justice restaurative en France. Une utopie créatrice et rationnelle*, *op. cit.*, p. 25.

Cette « *inflation de détenus* » [1] entraine une répartition catastrophique dans les cellules. À ce titre, Jean-Paul Carminati relate la promiscuité qui touche le monde pénitentiaire. « *Voulez-vous visiter la cellule ? Laquelle ? Celle pour deux avec trois personnes dedans ou celle pour quatre avec neuf occupants ? De toute façon, on ne peut pas ouvrir la porte, elle coince* » [2]. En 2014, chaque nuit, plus de mille détenus dormaient par terre sur un matelas au sol [3]. Ces conditions indignes de détention persistent. Au 1er octobre 2021, 1 408 personnes incarcérées sont encore contraintes de dormir sur un matelas dans une cellule suroccupée [4]. Face à ce fléau, la Cour européenne des droits de l'Homme épingle régulièrement la France. À titre d'exemple, dans un arrêt Canali c. France du 25 avril 2013 [5], la République française est condamnée en raison du « *permanent surencombrement* » [6] de ses établissements pénitentiaires. Une telle situation ne permet pas d'assurer des conditions de détention respectueuses des droits fondamentaux des personnes purgeant une peine privative de liberté. En l'espèce, le requérant avait été détenu dans la maison d'arrêt Charles III à Nancy, en 2006, dont la surpopulation était à ce moment-là de 108 %, soit 283 détenus pour 262 places [7]. Plus récemment, la France a de nouveau été condamnée pour conditions inhumaines de détention à cause d'une grave surpopulation chronique. Dans l'arrêt J.M.B. et

---

1. J.P. CARMINATI, In *Présumés coupables. Pour une mise en examen du système pénal*, préc., p. 132.
2. J.P. CARMINATI, In *Présumés coupables. Pour une mise en examen du système pénal*, préc., p. 132.
3. C. AUDOUIN, « Nous étions quatre dans une cellule de 13 mètres carrés », France Inter, 13 nov. 2014.
4. http://www.justice;gouv.fr/art_pix/mesure_mensuelle_01102021.pdf.
5. Affaire Canali c. France, Requête n° 40119/09, 25 avr. 2013. Dans cette affaire, E. CANALI a déposé une requête dirigée contre la République française pour violation de l'art. 3 CEDH en raison de ses conditions de détention.
6. Affaire Canali c. France, Requête n° 40119/09, 25 avr. 2013.
7. https://oip.org/communique/la-france-epinglee-par-la-cour-europeenne-des-droits-de-lhomme-pour-sa-surpopulation-carcerale/.

autres c. France du 30 janvier 2020, la Cour européenne des droits de l'homme souligne, encore une fois, le « problème structurel » [1] que représente la surpopulation carcérale. Elle va encore plus loin en recommandant à l'État français d'adopter des mesures susceptibles de supprimer le surpeuplement dans les établissements pénitentiaires et d'améliorer les conditions matérielles de détention [2]. Parmi elles, il y a la mise en place d'« *un recours préventif permettant aux détenus, de manière effective, en combinaison avec le recours indemnitaire, de redresser la situation dont ils sont victimes* » [3].

Malgré ces condamnations plurielles, « *au 1er janvier 2014, 77 883 personnes étaient écrouées* » [4] en France. Le 1er avril 2014, les établissements pénitentiaires français étaient occupés par 68 859 détenus, soit un taux d'accroissement de 2 % par rapport à l'année 2013 [5]. En 2021, la surpopulation carcérale continue de gangréner les prisons françaises. Au 1er octobre de **cette** année, le ministère de la Justice a recensé 60 372 places opérationnelles dans les établissements pénitentiaires [6]. Mais, sur les 83 558 personnes écrouées, 69 812 sont détenues [7]. La densité carcérale globale s'élève alors à 134,9 % [8].

---

1. https://hudoc.echr.coe.int/eng#{%22itemid%22:[%22001-200446%22]}.
2. https://oip.org/analyse/conditions-inhumaines-de-detention-et-surpopulation-carcerale-suivi-de-la-condamnation-de-la-france-par-la-cedh/
3. Affaire JMB et autres c. France – 30 janv. 2020, préc.
4. A. KENSEY, « Statistiques pénitentiaires et parc carcéral, entre désencombrement et sur-occupation (1996-2012) », Criminocorpus, Savoir, politiques et pratiques de l'exécution des peines en France au XXe siècle, 19 sept. 2014.
5. B. PENAUD, « La surpopulation carcérale n'est pas une fatalité », préc., p. 5.
6. http://www.justice.gouv.fr/art_pix/Mesure_mensuelle_01102021.pdf
7. *Ibid.*
8. *Ibid.*

Derrière le phénomène de sur-incarcération, il y a, en filigrane, la défaillance de notre système des peines. Le tout-carcéral n'apparait pas favoriser l'amendement du condamné ni même son éventuelle réinsertion. Bien au contraire, il « *fait plutôt le lit de la récidive* » [1].

2. Une récidive toujours anormalement élevée

La récidive vient du latin « *recidere* » et signifie « *rechute* » [2]. En droit pénal, une personne agit en situation de récidive légale [3], lorsque postérieurement à une condamnation devenue définitive, elle commet une nouvelle infraction dans les conditions prévues par le Code de procédure pénale [4]. Malgré des lois plus répressives les unes que les autres, la récidive reste toujours « *un phénomène endémique* » [5]. De fait, dans le but de protéger durablement la société, la lutte contre la réitération d'infraction constitue « *le maître mot de la politique pénale* » [6] depuis le début des années 2000. Cela rejoint la finalité intrinsèque de la peine qui est de prévenir la commission d'infraction [7]. En effet, par principe, la peine privative de liberté a « un *effet dissuasif général* » [8] à l'égard de tous les justiciables dans la mesure où elle est susceptible de détourner les individus du chemin de la délinquance

1. G-P. CABANEL, « Entre exclusion et réinsertion », *Revue Projet*, n° 269, pp. 45-53.
2. Proposition de loi relative au traitement de la récidive des infractions pénale adoptée par l'Assemblée nationale le 16 déc. 2020.
3. Art. 132-8 à 132-11 C. pr. pén.
4. Chiffres-clés, *Prévention de la récidive et individualisation des peines*, juin 2014.
5. *Ibid.*
6. V. TELLIER-CYROL, « La récidive : De quelques paradoxes et incohérences », AJ pénal, 24 fév. 2012, p. 63.
7. X. BEBIN, In *Pourquoi punir ? L'approche utilitariste de la sanction pénale*, éd. L'Harmattan, coll. Logiques politiques, 2006, p. 38.
8. *Ibid.*

par la crainte de la subir [1]. Parallèlement, l'emprisonnement a un « *effet dissuasif spécifique* » [2] sur la personne qui l'a subi pour qu'elle ne recommence pas.

En 2014, les faits empiriques ne rendent pas compte de ces différents effets. Au contraire, la prison ne semble pas toujours permettre une compréhension de la sanction pénale par les délinquants. Les chiffres en attestent. En 2012, plus de 60 % des détenus sortant de prison ont récidivé dans les 5 ans suivant leur libération [3]. Parallèlement, le taux de condamnation en état de récidive est passé de 4 % à 12,1 % entre 2001 et 2011 [4]. Selon une étude du ministère de la Justice, publiée en juillet 2019, au cours de l'année 2016, près d'un ex-détenu sur trois a récidivé dans les douze mois suivant sa libération [5].

Ces chiffres peuvent avoir plusieurs explications. Premièrement, le taux élevé de la récidive est alimenté par les conditions, entrevues précédemment, dans lesquelles sont détenues les personnes emprisonnées. Le système carcéral se révèle générateur de violences. Il y a environ, en moyenne, deux agressions par jour entre condamnés ou contre le personnel pénitentiaire [6]. Parallèlement, ce phénomène peut s'expliquer par les différents types de comportements indésirables qu'engendrent les systèmes judiciaire et carcéral chez de nombreux détenus [7]. L'expérience de la prison, isolante et désocialisante, peut alimenter chez les prisonniers une attitude asociale les confortant ainsi dans la

---

1. X. BEBIN, In *Pourquoi punir ? L'approche utilitariste de la sanction pénale*, éd. L'Harmattan, coll. Logiques politiques, *op. cit.*, p. 38.
2. *Ibid.*
3. H. GARDETTE, *Va-t-on vider les prisons de leur sens ?*, [Podcast], France Culture, 27 sept. 2012.
4. Chiffres-clés, *Prévention de la récidive et individualisation des peines*, préc.
5. http://www.justice.gouv.fr/art_pix/stat_Infostat_183.pdf
6. B. PENAUD, « De l'inflation législative à la surpopulation carcérale : pour une réforme des peines », Gaz. Pal., 22 sept. 2009, p. 3.
7. S. JACQUOT, Y. CHARPENEL, In *La justice réparatrice. Quand victimes et coupables échangent pour limiter la récidive*, *op. cit.*, p. 17.

délinquance [1]. Également, il est possible d'observer chez certains une attitude passive les conduisant à se désintéresser de leur devenir. Ils se fondent dans le modèle pénitentiaire et ne songent pas à leur potentielle sortie [2]. Au-delà, dès les années 1970, certains, dont Michel Foucault [3], interrogeaient déjà l'utilité sociale du système carcéral et dénonçaient l'enracinement dans la délinquance que produit l'encellulement. En d'autres termes, « *les prisons ne diminuent pas le taux de la criminalité* » [4]. Au regard de l'environnement dans lequel évoluent les détenus, l'enfermement « *les condamne fatalement à la récidive* » [5].

Tout comme la surpopulation carcérale, la récidive n'est pas une fatalité. Ces phénomènes attestent d'un dysfonctionnement de notre système de justice pénale, « *et non d'un problème conjoncturel* » [6]. Ainsi, la récidive n'est pas insurmontable. Néanmoins, cela requiert un suivi et un accompagnement des détenus « *dans et hors les murs de la prison* » [7]. Or, depuis 2000, les évolutions législatives consistent davantage à étendre la durée d'incarcération « *pour s'assurer de la mise hors du jeu social la plus durable des récidivistes* » [8]. Il y a une absence d'intérêt pour la personne, la personnalité et le vécu des condamnés. Par voie de

---

1. *Ibid.*
2. *Ibid.*
3. M. FOUCAULT (1926-1984) est un intellectuel engagé qui est notamment connu pour son ouvrage *Surveiller et punir* (1975) qui a eu un écho spectaculaire dans les débats relatifs au rôle de la prison. Dans cet essai, l'auteur tente d'expliquer comment l'univers carcéral a remplacé les supplices et châtiments corporels anciennement en vigueur. Selon lui, la peine pénale s'est déplacée du corps du condamné à son esprit. Il parle d'ailleurs « *d'entreprise d'orthopédie sociale* ».
4. M. FOUCAULT, In *Surveiller et punir. Naissance de la prison*, éd. Galimard, 1975, pp. 269-273.
5. *Ibid.*
6. B. PENAUD, « La surpopulation carcérale n'est pas une fatalité », préc., p. 5.
7. L. MUCCHIELLI, In *La frénésie sécuritaire. Retour à l'ordre et nouveau contrôle social, op. cit.*, p. 12.
8. *Ibid.*

conséquence, il découle une déshumanisation dans l'analyse et le traitement des conduites antisociales [1].

En résumé, le taux de récidive continue d'être élevé dans la mesure où le modèle carcéral fabrique de la délinquance en son sein [2]. En d'autres termes, la récidive est un problème récurrent, car « *nos prisons sont pleines, mais vides de sens* » [3]. La politique pénale du tout-carcéral et du tout-répressif semble donc s'essouffler (§II).

§ 2. Une reconnaissance législative impulsée par l'essoufflement de la politique pénale

La politique pénale correspond à « *l'ensemble des procédés et moyens, tant préventifs que répressifs, par lesquels un État s'efforce de mettre en place une stratégie, sous-tendue par des options idéologiques, destinée à lutter contre le phénomène criminel* » [4]. Autrement dit, la politique pénale renvoie aux décisions et actions concrètes mises en œuvre pour canaliser les comportements contraires à l'ordre social [5].

À partir du début du XXIe siècle, l'appareil judiciaire s'est doté d'une architecture dont la pierre angulaire est la notion de « *risque* » et de « *dangerosité* » [6]. La politique pénale se fonde sur

---

1. L. MUCCHIELLI, In *La frénésie sécuritaire. Retour à l'ordre et nouveau contrôle social, op. cit.*, p. 13.
2. M. FOUCAULT, In *Surveiller et punir. Naissance de la prison, op. cit.*, pp. 269-273.
3. O. MILLOT, « Les clés de Taubira pour vider les prisons », Libération, 25 sept. 2012, citant C. TAUBIRA.
4. S. GUINCHARD, T. DEBARD, In *Lexique des termes juridiques*, Dalloz, coll. Lexiques, 28e éd., 2020, V. Politique criminelle, p. 789.
5. S. ENGUÉLÉGUÉLÉ, In *Les politiques pénales (1958-1995)*, éd. L'Harmattan, coll. Logiques politiques, 1998, pp. 22-23.
6. L. MUCCHIELLI, In *La frénésie sécuritaire. Retour à l'ordre et nouveau contrôle social, op. cit.*, p. 23.

des exigences telles que la « *fermeté* » et l'« *efficacité* » [1]. Comme le montrent les paragraphes précédents, « *les politiques pénales mises en œuvre ne sont pas convaincantes et/ou échouent* » [2]. Par voie de conséquence, il est légitime de s'interroger sur les raisons susceptibles d'expliquer la souffrance du tout-carcéral (A). Eu égard à cette crise du tout-répressif, le changement d'orientation de la politique pénale est alors apparu indispensable (B).

A) La politique du tout-carcéral en souffrance

Depuis 2002, la politique pénale est sous-tendue par une vision de la délinquance présentée soit comme une fatalité, soit comme un choix délibéré qu'il suffit de dissuader par la menace de l'emprisonnement. De fait, en 2007, sont instituées les peines planchers pour lutter contre la récidive. Ce type de peine particulier qui met à mal le principe d'individualisation de la peine s'est révélé contribuer au renforcement de la surpopulation pénitentiaire (1). Parallèlement, en raison de la densité carcérale, les sorties sèches, c'est-à-dire sans réel encadrement, se sont multipliées, augmentant ainsi le risque de récidive (2).

1. Les peines planchers responsables du renforcement de la surpopulation carcérale

La loi du 10 août 2007 [3] est à l'origine des peines planchers dont l'objectif est de sanctionner plus sévèrement les récidivistes [4]. Ce type de peine a pris place dans le Code pénal à l'ancien article 132-18-1 disposant que « *pour les crimes commis en*

---

1. Circ. De politique pénale, n° CRIM 2012-16, 19 sept. 2012, JO 18 oct. 2012, p. 16225.
2. S. JACQUOT, Y. CHARPENEL, In *La justice réparatrice. Quand victimes et coupables échangent pour limiter la récidive*, *op. cit.*, p. 44.
3. Loi n° 2007-1198 du 10 août 2007 renforçant la lutte contre la récidive des majeurs et des mineurs.
4. J. LASSERRE CAPDEVILLE, « Les peines planchers : état des lieux cinq ans après », Dalloz, AJ pénal, 27 juill. 2012, p. 398.

état de récidive légale, la peine d'emprisonnement, de réclusion ou de détention ne peut être inférieure aux seuils suivants : cinq ans, si le crime est puni de quinze ans de réclusion ou de détention ; sept ans, si le crime est puni de vingt ans de réclusion ou de détention ; dix ans, si le crime est puni de trente ans de réclusion ou de détention ; quinze ans, si le crime est puni de la réclusion ou de la détention à perpétuité » [1]. L'ancien art. 132-19-1 du même Code [2] prévoit une logique analogue pour les délits, en fixant des peines « *minimales* » [3] en cas de récidive.

Ces peines planchers ont été instaurées pour lutter contre le prononcé de peines jugées, par certains, trop clémentes à l'égard des récidivistes. Néanmoins, elles ont essuyé de très nombreuses critiques, car elles viennent limiter la liberté du juge dans la fixation de la sanction pénale [4]. Elles mettent à mal le principe d'individualisation des peines dont la valeur constitutionnelle a été reconnue en 2005 par le Conseil constitutionnel [5]. Avec les peines planchers, les magistrats n'ont plus la possibilité de mettre en œuvre la personnalisation de la sanction. Ils perdent leur « *libre appréciation* » [6], car en cas de récidive légale, les juges doivent obligatoirement prononcer le *quantum* d'emprisonnement prévu par la loi, sauf décision motivée contraire.

Il faut noter que la réforme des peines minimales n'a donné lieu à aucune étude d'impact. « *Elle a été votée selon la*

1. Art. 132-18-1 C. pén., version en vigueur du 11 août 2007 au 1er oct. 2014.
2. Art. 132-19-1 C. pén. version en vigueur du 11 août 2007 au 1er oct. 2014.
3. S. LAVRIC, « Rapport sur l'application de la loi du 10 août 2007 », Dalloz actualité, 17 déc. 2008.
4. J. LASSERRE CAPDEVILLE, « Les modifications concernant la personnalisation de la peine », préc.
5. Cons. Const., 22 juillet 2005, n° 2005-520 DC : JO 27 juill. 2005, p. 12241.
6. D. RAIMBOURG, Rapport n° 1974 sur le projet de loi (n° 1413) relatif à la prévention de la récidive et à l'individualisation des peines, 28 mai 2014, p. 92.

procédure de l'urgence, en quelques semaines » [1]. L'effet dissuasif de ces peines n'a pas été établi en amont et les faits empiriques ne l'ont pas démontré postérieurement. Au contraire, comme il a été possible de le voir antérieurement, l'encellulement favorise la récidive. Les chiffres le confirment de nouveau. Le taux de personnes condamnées en état de récidive légale est passé de 8,1 % en 2007 à 11,1 % en 2010 [2].

Parallèlement, en instaurant les peines planchers, le législateur a contribué à l'accroissement de la surpopulation des prisons françaises. Elles ont entrainé une extension du nombre de peines d'emprisonnement prononcées. Par conséquent, entre 2007 et 2008, le nombre de détenus a augmenté de 8 %, sans aucun effet sur la délinquance [3]. Un an après la réforme, « *les violences aux personnes ont augmenté de 2,4 %* » [4]. La population carcérale a alors connu une hausse de 14 % entre le 1er janvier 2007 et le 1er janvier 2013 [5]. Parallèlement, ces peines minimales ont contribué à l'allongement de la durée des peines privatives de liberté. Entre 2004 et 2006, la durée moyenne des peines d'emprisonnement en état de récidive était de 9 mois [6]. Entre 2008 et 2010, elle est passée à 15,6 mois [7]. Ainsi, à la suite de la mise en place des peines planchers, les établissements pénitentiaires ont connu « *un phénomène de surpopulation carcérale sans précédent* » [8].

1. A. FORSETI, A. PAUL, « Pour en finir avec les peines planchers », JCP G, n° 17, 28 avr. 2014, p. 826.
2. Ministère de la Justice, Annuaire statistique de la justice, éd. 2011-2012, p. 208.
3. B. PENAUD, « La surpopulation carcérale n'est pas une fatalité », préc., p. 3.
4. B. PENAUD, « La surpopulation carcérale n'est pas une fatalité », préc., p. 3.
5. Projet de loi de finances pour 2014 : Justice, https://www.senat.fr/rap/l13-156-317/l13-156-317.html.
6. D. RAIMBOURG, Rapport n° 1974 sur le projet de loi (n° 1413) relatif à la prévention de la récidive et à l'individualisation des peines, 28 mai 2014, p. 41.
7. *Ibid.*
8. https://www.senat.fr/rap/l13-156-317/l13-156-31712.html.

En conclusion, les peines planchers qui devaient, pour ses promoteurs, mettre un terme à la récidive sans nécessairement entrainer une augmentation du nombre de personnes détenues, n'ont pas atteint leurs objectifs dans la mesure où le taux de condamnation en récidive et la population pénitentiaire ont tous deux considérablement augmenté [1].

Au vu de cette « *bulle prête à éclater* » [2], les régimes qui permettent aux détenus de bénéficier d'une progression dans l'exécution de leur peine ont été mis à rude épreuve. Les aménagements de peine se destinent essentiellement à libérer des lits dans les prisons [3]. *De facto*, les sorties dites sèches se multiplient, augmentant alors le risque de récidive.

2. Les sorties sèches responsables de l'augmentation du risque de récidive

Au lendemain de la Seconde Guerre mondiale, la réforme d'administration pénitentiaire Amor de 1945 [4] pose le principe de progressivité du régime pénitentiaire [5]. Un régime progressif doit être appliqué au sein des établissements pénitentiaires « *en vue d'adapter le traitement du prisonnier à son attitude et à son degré d'amendement. Ce régime va de l'encellulement à la semi-*

---

1. *Ibid.*
2. D. RAIMBOURG, Rapport n° 1974 sur le projet de loi (n° 1413) relatif à la prévention de la récidive et à l'individualisation des peines, préc., p. 172.
3. J.P. CÉRÉ, M. HERZOG-EVANS, E. PÉCHILLON, « Exécution des peines. Sept. 2014 – mars 2015 », D., 28 mai 2015, p. 1127.
4. P. AMOR, directeur de l'administration pénitentiaire en 1944, décide de créer une commission chargée de soumettre au garde des Sceaux de l'époque des réformes concernant l'administration pénitentiaire. En mai 1945, les conclusions de cette commission sont publiées. Quatorze principes sont alors édictés, dont celui d'individualisation des peines et de progressivité du régime pénitentiaire.
5. ENAP, « 70 ans. Réforme Amor 1945-2015 ».

liberté » [1]. Un décret du 23 mai 1975 supprime le régime progressif pour lui substituer le régime de la progression libre [2]. Puis, à partir des années 2000, vont se mettre en place les régimes différenciés qui permettent aux détenus de bénéficier d'une « *progression dans l'exécution de leur peine* » [3]. Ce système progressif consiste à aménager la peine du condamné au fur et à mesure de son parcours carcéral pour préparer sa sortie de prison. De fait, pour permettre l'insertion ou la réinsertion des condamnés, la loi du 9 mars 2004 a consacré l'aménagement des peines par le juge de l'application des peines [4]. L'instauration d'une telle procédure à l'article 723-15 du Code de procédure pénale permet, si un certain nombre de conditions sont remplies, de faire bénéficier aux condamnés purgeant une peine d'emprisonnement, soit d'une semi-liberté, soit d'un placement à l'extérieur ou encore d'une libération conditionnelle [5]. L'aménagement de peine marque donc la centralité de l'individu et « *la confiance dans son évolution positive* » [6].

Ces dernières années, la politique pénale semble s'orienter davantage vers le tout-carcéral, plus que « *vers une véritable politique de la préparation à la sortie et au suivi en milieu ouvert* » [7]. Cela résulte de l'idée fréquemment partagée selon laquelle les aménagements de peine ne sont rien d'autre qu'une faveur faite

---

1. *Ibid.*
2. Le régime de la progression libre est plus souple que le régime progressif. Il prévoit, entre autres, un raccourcissement de la première période d'observation, il est moins exigeant en matière de formalisme pour passer d'une phase à l'autre, il assouplit les moyens de traitement et prépare les détenus à leur libération ».
3. ENAP, « 70 ans. Réforme Amor 1945-2015 ».
4. Loi n° 2004-204 du 9 mars 2004 portant adaptation de la justice aux évolutions de la criminalité.
5. Art. 723-15 C. pr. pén.
6. B. PENAUD, « L'aménagement de peine : une révolution méconnue », Gaz. Pal., 27 mai 2008, p. 4.
7. V. TELLIER-CAYROL, « La récidive : de quelques paradoxes et incohérences », AJ pénal, fév. 2012, p. 66.

aux condamnés qui décrédibilisent l'institution judiciaire [1]. Or, l'individualisation de la peine durant son exécution contribue à la prévention de la récidive dans la mesure où elle permet d'effectuer *« une transition entre le dedans et le dehors »* [2]. En d'autres termes, les aménagements de peine sont susceptibles *« d'assurer la sécurité de tous et ne sont jamais un 'cadeau' offert aux condamnés »* [3].

Néanmoins, par manque de moyens et au regard de la crise carcérale, *« les services d'insertion et de probation désinvestissent l'accompagnement social »* [4]. En 2014, seulement 20 % des détenus ont fait l'objet d'un aménagement de peine ou d'une libération conditionnelle [5]. Autrement dit, une seule personne condamnée sur cinq a pu bénéficier d'une mesure d'accompagnement à sa sortie de détention. 80 % des condamnés sous écrou ont donc été confrontés à une sortie sèche. Les procédures qui tendent à inciter les personnes détenues *« à s'inscrire dans un parcours de formation ou à définir un projet de vie paraissent illusoires »* [6]. Par voie de conséquence, une majorité de détenus ne bénéficient pas des démarches susceptibles de leur permettre, à leur sortie de prison, *« de mener une vie responsable et exempte d'infraction »* [7].

Il est possible de constater que les libérations sans aménagement de peine mettent à mal la prévention de la commission de nouvelles infractions. *« L'isolement social, la désaffiliation ins-*

---

1. V. TELLIER-CAYROL, « La récidive : de quelques paradoxes et incohérences », préc.
2. https://oip.org/decrypter/thematiques/politique-penale-et-penitentiaire/preparation-a-la-sortie/.
3. M. JANAS, « Les dispositions relatives au prononcé et à l'application des peines », Gaz. Pal., 28 janv. 2010, p. 30.
4. *Ibid.*
5. https://www.senat.fr/rap/l13-641-1/l13-641-11.html.
6. *Ibid.*
7. Art. 1 Loi pénitentiaire n° 2009-1436 du 24 nov. 2009.

titutionnelle, les problèmes de santé psychique et physique, l'absence de ressources (ou encore) les problèmes de logement » [1], exacerbés par les sorties sèches, expliquent pourquoi dans 63 % des cas, les détenus libérés sans encadrement sont recondamnés dans les cinq ans suivant leur sortie de prison [2]. Ce taux baisse à 55 % pour les détenus libérés dans le cadre d'un aménagement de peine [3]. Il chute à 39 % pour les personnes ayant bénéficié d'une mesure de libération conditionnelle [4].

À la lumière de ces développements, l'appareil judiciaire apparait faillir à « *sa mission* » [5]. Face à l'ineffectivité patente de la justice pénale, l'intention de réformer sa politique s'est de plus en plus fait sentir. Par conséquent, pour « *bâtir un système judiciaire efficace* » [6], la loi du 15 août 2014 a opéré un changement d'orientation de la politique pénale, propice à l'introduction de la justice restaurative dans l'arsenal législatif.

B) Un changement d'orientation de la politique pénale

La « *loi Taubira* » de 2014 a été précédée d'une conférence de consensus sur la prévention de la récidive. Le rapport de ce comité, rendu en février 2013, repose sur deux idées centrales. La première, renforcer l'individualisation des peines par un examen plus poussé des personnes délinquantes et de leur environnement [7]. La seconde, mettre en œuvre une « *exécution des*

1. https://www.senat.fr/rap/l13-641-1/l13-641-11.html.
2. http://www.justice.gouv.fr/loi-du-15-aout-2014-12686/la-liberation-sous-contrainte-12690/.
3. A. KENSEY, « Les risques de récidive des sortants de prison. Une nouvelle évaluation », Cahiers d'études pénitentiaires et criminologiques, mai 2011, n° 36, p. 7.
4. http://www.justice.gouv.fr/loi-du-15-aout-2014-12686/la-liberation-sous-contrainte-12690/.
5. https://oip.org/temoignage/une-sortie-seche-et-angoissante/.
6. https://www.gouvernement.fr/action/la-reforme-penale.
7. Loi n° 2014-896 du 15 août 2014 relative à l'individualisation des peines et renforçant l'efficacité des sanctions pénales, Exposé des motifs, préc.

peines efficace » pour prévenir les risques de récidive [1]. Pour ce faire, la loi relative à l'individualisation des peines et renforçant l'efficacité des sanctions pénales a opéré, d'une part, un déférencement de la peine d'emprisonnement (1), d'autre part, un renforcement des droits des victimes (2).

1. Un déférencement de la peine d'emprisonnement

Durant la préparation de la réforme de 2014, le jury de la conférence de consensus a souligné la nécessité de réévaluer le sens et les fonctions de la peine [2]. Par conséquent, la loi du 15 août 2014 a précisé ses finalités. Parallèlement à la protection de la société et à la prévention de la récidive, la peine vise à « *restaurer l'équilibre social, dans le respect des intérêts de la victime* » [3]. À partir de cette redéfinition du sens de la peine, la réforme a revu la place de l'encellulement dans l'arsenal des sanctions, car, bien qu'il soit nécessaire dans certains cas, pour prévenir la commission de nouvelles infractions son efficacité n'a pas été établie [4].

Par conséquent, pour tenter d'endiguer « *l'accentuation de la sévérité à l'égard des récidivistes* » [5], la réforme pénale de 2014 a supprimé les peines planchers eu égard à leur bilan plus que négatif. Le rapport de la conférence de consensus recommandait lui-même de supprimer ce dispositif, au motif que l'idée selon laquelle plus la peine d'emprisonnement est lourde plus elle est intimidante et propice à la réduction de la récidive, est fausse.

---

1. *Ibid.*
2. J. LEBLOIS-HAPPE, « La redéfinition des finalités et fonctions de la peine – vers des principes directeurs en matière pénale ? », Gaz. Pal., 23 mai 2015, p. 15.
3. Art. 130-1 C. pén.
4. Loi n° 2014-896 du 15 août 2014 relative à l'individualisation des peines et renforçant l'efficacité des sanctions pénales, Exposé des motifs, préc.
5. D. RAIMBOURG, Rapport n° 1974 sur le projet de loi (n° 1413) relatif à la prévention de la récidive et à l'individualisation des peines.

L'abrogation de ces peines minimales démontre la volonté du législateur français de ne plus faire de l'emprisonnement une peine systématiquement encourue en cas de récidive légale. Au-delà, la suppression des peines planchers renforce l'effectivité du principe d'individualisation des peines qui « *n'est pas une lubie ou un rêve laxiste* » mais « *une exigence morale, juridique et politique* » [1]. De surcroît, la disparition de ce type de mécanisme automatique rétablit la totale liberté du magistrat en ce qui concerne la récidive légale.

Parallèlement, pour éviter le recours par défaut à la peine privative de liberté, la conférence de consensus avait préconisé la création, aux côtés de l'emprisonnement et de l'amende, d'une troisième peine de référence. Le comité souhaitait la mise en place d'une sanction indépendante et sans lien avec l'emprisonnement. Le législateur a instauré une nouvelle mesure totalement autonome de l'emprisonnement, la contrainte pénale [2]. Il s'agit d'une peine correctionnelle alternative dont le but est, d'une part, de réinsérer socialement les infracteurs dans la société, d'autre part, de concourir à la sécurité collective [3].

D'un point de vue plus concret, dans le cadre de la contrainte pénale, la personne condamnée est soumise « *à des mesures de contrôle et d'assistance ainsi qu'à des obligations et interdictions particulières destinées à prévenir la récidive en favorisant son insertion ou sa réinsertion au sein de la société* » [4]. Cette nouvelle peine consiste en un suivi et un contrôle intensifs en milieu ouvert. Parallèlement, cette innovation de la loi du 15 août

---

1. S. PORTELLI, « Les alternatives à la prison », Pouvoirs, n° 135, 2010, p. 15.
2. Depuis la loi du 15 août 2014, la contrainte pénale a été abrogée par la loi n° 2019-222 du 23 mars 2019 de programmation 2018-2022 et de réforme pour la justice.
3. Recommandation CM/REC(2010)1 du Comité des ministres du Cons. de l'Europe, adoptée le 20 janv. 2010, sur les règles du Cons. de l'Europe relative à la probation.
4. Art. 131-4-1 dans sa version en vigueur du 1er oct. 2014 au 1er janv. 2017.

2014 se distingue de la peine d'emprisonnement assortie d'un sursis avec mise à l'épreuve, car elle est « *déconnectée* » [1] de la peine privative de liberté. Ainsi, en 2014, il est possible de constater l'intention de retirer à la peine privative de liberté « *son statut de peine de référence en matière correctionnelle* » [2]. En opérant un tel déférencement de l'encellulement pour les délits, la création de la contrainte pénale a constitué une opportunité pour explorer, introduire et développer la justice restaurative dans le droit pénal français [3].

À la lumière de ces différentes initiatives législatives, il est possible de percevoir une réelle volonté d'insérer ou de réinsérer les auteurs d'infraction en substituant l'emprisonnement pour les délits par des peines exécutées en milieu ouvert. Dans une démarche analogue à celle de la contrainte pénale a été instituée la libération sous contrainte qui permet un retour « *progressif et encadré* » [4] en société pour les personnes purgeant une peine privative de liberté inférieure ou égale à cinq ans [5]. Parallèlement, pour lutter contre les sorties sèches, propices à la récidive, le projet de loi avait préconisé la mise en œuvre d'un examen, par le juge d'application des peines, de la situation de tous les détenus ayant effectué les deux tiers de leur peine pour analyser l'éventuel octroi d'une mesure d'aménagement de peine. En d'autres termes, en 2014, l'intention du législateur est de mettre en œuvre une représentation « *plus dynamique du parcours d'exécution des peines privatives de liberté* » [6]. Cela nécessite alors une

1. C. KLEITZ, « Contrainte pénale : le coup d'esbroufe », Gaz. Pal., 17 oct. 2013.
2. D. RAIMBOURG, Rapport n° 1974 sur le projet de loi (n° 1413) relatif à la prévention de la récidive et à l'individualisation des peines, préc., p. 236.
3. *Ibid.*, p. 72.
4. *Ibid.*, p. 68.
5. Art. 720 C. pr. Pén.
6. D. RAIMBOURG, Rapport n° 1974 sur le projet de loi (n° 1413) relatif à la prévention de la récidive et à l'individualisation des peines, préc., p. 66.

généralisation du principe de l'exécution de peine en milieu ouvert ou semi-ouvert, à l'instar de la contrainte pénale [1]. À ce titre, le rapport final du jury de la conférence de consensus estimait que cette nouvelle peine devait impliquer diverses modalités de réparations, telles que la médiation, le travail d'intérêt général ou encore la rencontre auteur-victime [2].

Ainsi, cette réforme tente d'endiguer les ruptures trop brutales « *entre le milieu fermé et le milieu ouvert* » [3]. Pour ce faire, elle déploie de nouvelles peines et mesures pour offrir aux acteurs de l'institution judiciaire des alternatives à l'encellulement. En filigrane, il y a le projet de « *recréer une politique pénale qui, sur la base de la lutte contre la récidive, fait de la pédagogie* » [4].

En souhaitant mettre en place une politique pénale « *plus juste et plus efficace* » [5], la loi du 15 août 2014 se devait de réexaminer la situation des victimes lors de l'exécution des peines. De fait, elle a accompagné le déférencement de la peine d'emprisonnement par un renforcement des droits de la victime.

2. Un renforcement des droits de la victime

Depuis la loi du 15 juin 2000, modifiée à plusieurs reprises, les personnes victimes jouissent d'un véritable statut juridique. Avant la loi du 15 août 2014, leurs droits au cours de l'exécution des peines n'étaient pas consacrés expressément. Antérieurement à cette réforme, le Code de procédure pénale précisait uniquement que toute peine devait favoriser l'insertion des condamnés,

---

1. *Ibid.*
2. *Ibid.*
3. J.P. MICHEL, Rapport n° 641 (2013-2014) fait au nom de la commission des lois, 18 juin 2014, préc., p. 194.
4. D. DELAMOTTE, In *Qui a peur de la nouvelle peine sans prison ? Ajouter du « lien » et non du « rang » pour réussir la contrainte pénale et en finir avec la récidive*, L'Harmattan, 2014, p. 31.
5. J.P. MICHEL, Rapport n° 641 (2013-2014) fait au nom de la commission des lois, préc., p. 29.

la prévention de la récidive « *dans le respect des intérêts de la société et des droits de la victime* » [1]. Néanmoins, la loi pénale ne définissait pas et n'énumérait pas lesdits droits.

Pour remédier au « *caractère laconique* » [2] de cette disposition et assoir les droits des victimes durant la phase post-sentencielle, la loi relative à l'individualisation des peines et renforçant l'efficacité des sanctions pénales a introduit, de façon inédite, le principe de respect des droits des victimes durant l'exécution des peines [3]. Dans sa rédaction issue de la loi du 15 août 2014, l'article 707 du Code de procédure pénale détaille, avec plus ou moins de précision, les principes généraux qui gouvernent les droits concédés à la victime pendant l'exécution de la peine [4]. Ces principes s'organisent autour de trois idées distinctes : la réparation, l'information et la sûreté de la victime [5]. Les droits des victimes dans l'exécution des peines ont donc, depuis cette réforme pénale, un « *fondement unique et solennel* » [6]. Désormais, toute personne ayant subi un préjudice a, lors de la phase post-sentencielle, « *le droit de saisir l'autorité judiciaire de toutes atteintes à ses intérêts, d'obtenir la réparation de son préjudice, par l'indemnisation de celui-ci ou par tout autre moyen adapté, d'être informée, si elle le souhaite, de la fin de l'exécution d'une peine privative de liberté et à ce que soit prise en compte, s'il y a lieu, la nécessité de garantir sa tranquillité et sa sûreté* » [7]. L'article 11 de ladite loi parachève son initiative en soumettant l'autorité judiciaire à l'obligation d'assurer la mise en

---

1. Art. 707 C. pr. pén. ds sa version en vigueur du 26 nov. 2009 au 1er oct. 2014.
2. D. RAIMBOURG, Rapport n° 1974 sur le projet de loi (n° 1413) relatif à la prévention de la récidive et à l'individualisation des peines, préc., p. 62.
3. *Ibid.*
4. D. RAIMBOURG, Rapport n° 1974 sur le projet de loi (n° 1413) relatif à la prévention de la récidive et à l'individualisation des peines, préc., p. 61.
5. *Ibid.*
6. *Ibid.*, p. 62.
7. D. RAIMBOURG, Rapport n° 1974 sur le projet de loi (n° 1413) relatif à la prévention de la récidive et à l'individualisation des peines, préc., p. 62.

œuvre effective de ces droits. La loi de 2014 a donc entrepris un renforcement des droits des victimes, durant l'exécution des peines, en les reconnaissant et consacrant pleinement.

De façon concomitante, la « *loi Taubira* » a œuvré pour renforcer la présence des bureaux d'aide aux victimes (BAV) au sein des palais de justice [1]. Ces bureaux, qui apparaissent « *comme l'un des instruments privilégiés de la justice restaurative* » [2], sont gérés par des associations et ont pour fonction, d'une part, d'informer les victimes, d'autre part, de répondre aux difficultés qu'elles sont susceptibles de rencontrer durant la procédure pénale. D'une manière plus générale, les BAV contribuent au renforcement des droits des victimes en les informant et orientant. Depuis la réforme de 2014, au sein de chaque tribunal judiciaire, doit être institué un BAV [3]. En parallèle, pour remédier à la diminution importante des crédits alloués par l'État et les collectivités locales aux associations qui viennent en aide aux victimes, la loi a instauré une majoration des amendes pénales pour financer l'aide aux victimes [4]. Ainsi, en renforçant le financement pérenne des associations, la loi du 15 août 2014 vient « *renforcer les droits des victimes* » [5].

En résumé, la réforme pénale de 2014 reposait sur deux piliers. Le premier, consolider l'efficacité des sanctions pénales pour prévenir efficacement la récidive. Le second, assurer une meilleure prise en compte de la victime et de ses droits. Au-delà, la loi du 15 août 2014 a tenté d'élaborer une politique qui met du

1. J.P. MICHEL, Rapport n° 641 (2013-2014) fait au nom de la commission des lois, préc., p. 33.
2. P. BONFILS, « Chroniques législatives », Dalloz, RSC, avr. – juin 2015, p. 445.
3. Art. 706-15-4 C. pr. pén.
4. Art. 707-6 C. pr. pén.
5. J.P. MICHEL, Rapport n° 641 (2013-2014) fait au nom de la commission des lois, préc., p. 175.

« *lien* » et non du « *rang* » [1]. Sur cette base, le gouvernement français a jugé opportun de consacrer la possibilité, tant pour les auteurs que pour les victimes, de recourir, à tout stade de la procédure, à une mesure de justice restaurative.

Ainsi, ce processus a été implicitement imposé par la crise de la pénalité moderne qui a rendu nécessaire le changement d'orientation de la politique pénale. Ce tournant a donc permis d'intégrer notre droit positif la justice restaurative.

Si le législateur a consacré en août 2014 cette justice innovante, c'est parce que son introduction dans l'arsenal législatif français s'est révélée explicitement imposée tant par les expériences de terrain que par les textes régionaux ou internationaux [2].

Section 2. Une justice explicitement imposée

Au début des années 2000, la justice restaurative demeurait toujours largement inconnue en France du fait de la réticence d'un certain nombre d'acteurs de l'administration judiciaire [3]. En 2010, elle fait l'objet d'un « *développement balbutiant* » [4], suite à la médiatisation d'une correspondance échangée entre les parents d'une victime décédée et l'un des auteurs responsables de ce drame [5]. Depuis cette année-là, les expériences restauratives se sont multipliées sur le territoire français. Les chercheurs et

1. D. DELAMOTTE, In *Qui a peur de la nouvelle peine sans prison ? Ajouter du « lien » et non du « rang » pour réussir la contrainte pénale et en finir avec la récidive*, *op. cit.*, p. 37.
2. R. CARIO, In *La justice restaurative en France. Une utopie créatrice et rationnelle*, *op. cit.*, p. 51.
3. J.P. MICHEL, Rapport n° 641 (2013-2014) fait au nom de la commission des lois, préc., p. 87.
4. C. DELLANGNOL, « Justice restaurative : un développement balbutiant », Gaz. Pal., 10 déc. 2019, p. 7.
5. Il s'agit de la médiatisation de la lettre des époux Chenu envoyée le 4 avr. 2005 aux meurtriers de leur fils assassiné le 13 sept. 2002 à Reims.

praticiens ont alors estimé nécessaire de doter ces expérimentations d'un cadre législatif (§ 1). Au-delà, le législateur français n'a pas eu d'autre choix que d'introduire dans l'arsenal législatif la justice restaurative, compte tenu de la pression exercée par les institutions européennes (§2).

§ 1. Une reconnaissance législative réclamée par la pratique expérimentale

À l'instar de la médiation pénale, la justice restaurative n'est pas née de la volonté législative [1]. Cette doctrine d'action pénale a, dans un premier temps, été « *une réalité judiciaire inscrite dans une pratique expérimentale* » [2]. Sous l'influence des expériences de terrain concluantes menées tout d'abord à l'étranger (A), puis, face au développement de la pratique expérimentale sur le territoire français (B), le législateur a introduit dans la loi la justice restaurative pour donner un encadrement législatif à ces diverses expérimentations françaises bénéficiant, uniquement, d'un cadre législatif européen.

A) L'influence des expériences de terrain menées à l'étranger

La pratique expérimentale, issue de pays étrangers, a très vite constitué un modèle pour les chercheurs et praticiens français favorables à la mise en œuvre de la justice restaurative. Dès 2007, le rapport du groupe de travail, mis en place par le CNAV sur demande du ministère de la Justice, s'est basé sur des expériences canadiennes pour présenter des propositions relativement à l'introduction de cette nouvelle façon de rendre justice. De fait, l'expérience restaurative canadienne (1) ainsi que la pratique expérimentale de nos voisins belges (2) ont toutes deux influencé l'intégration de cette nouvelle manière de faire justice dans l'arsenal législatif français.

---

1. T. LEBÉHOT ? « Le cadre juridique de la mutation pénale », AJ pénal, 2011, p. 216.
2. *Ibid.*

1. La pratique expérimentale canadienne

Comme cela a pu être vu antérieurement, l'Amérique du Nord a joué un rôle pivot dans la redécouverte des pratiques ancestrales de justice restaurative pratiquées par les peuples autochtones. Considéré comme le pays pionnier en la matière, le Canada a, dès la fin des années 1970, développé une mosaïque de mesures mettant en œuvre des rencontres entre personnes victimes et personnes auteures [1]. Bien que le système canadien soit fondé sur une logique punitive, de multiples programmes restauratifs ont vu le jour et continuent d'être expérimentés aujourd'hui en raison de leurs résultats concluants en matière de récidive et de détermination de la peine [2]. À ce titre, le projet de loi du 15 août 2014 avait souligné qu'une étude menée au Canada en 2003 avait permis de démontrer l'effet positif de la justice restaurative sur la prévention de la récidive [3].

Concrètement, de multiples mises en œuvre de la justice restaurative sont observables au sein du système judiciaire canadien. Cette pluralité s'explique par le fait que chaque province canadienne a élaboré ses propres mesures, car elles ont toutes « *compétence en matière d'administration de la justice* » [4]. Dans le cadre de cette étude, il peut être pertinent de s'arrêter sur le « Projet de Justice Coopérative » déployé pour la première fois à la fin des années 1990 au palais de justice d'Ottawa. Ce projet consiste à temporairement retirer du dispositif judiciaire traditionnel une affaire pénale pour qu'elle soit « *prise en charge par*

1. G. LAMOURE, S. BOSQUET, « Canada : une justice restaurative qui joue sur la peine », OIP, 15 fév. 2017, https://oip.org/analyse/canada-une-justice-restaurative-qui-joue-sur-la-peine/.
2. *Ibid.*
3. J.P. MICHEL, Rapport n° 641 (2013-2014) fait au nom de la commission des lois, préc., p. 86.
4. https://oip.org/analyse/canada-une-justice-restaurative-qui-joue-sur-la-peine/.

un système parallèle de justice réparatrice, avant d'être renvoyée au système traditionnel » [1]. Ce type de projet permet aux victimes et auteurs de se rencontrer sous le contrôle de responsables et avec la présence, s'ils le souhaitent, de l'entourage de l'un et de l'autre. Pour pouvoir recourir à ce projet, il est nécessaire que l'infraction soit sanctionnée par une peine privative de liberté. Parallèlement, la personne victime doit consentir à participer à ce dispositif et l'auteur doit avoir reconnu les faits. Le PJC apparait sensiblement similaire aux rencontres détenus-victimes sur sa mise en œuvre et ses conditions. La singularité de ce type de programme réside dans le fait qu'à l'issue de la mesure, le responsable du PJC élabore un « *plan de réparation* » qui doit être pris en compte par le magistrat lors du prononcé de la peine. Ce type de projet débouche, généralement, sur des travaux compensatoires, un traitement ou encore un dédommagement [2]. De telles sanctions se révèlent avoir une influence positive sur la réduction de la récidive [3].

Le PJC constitue une expérience restaurative concluante ayant influencé la France, car, selon une étude, 95 % des auteurs ayant eu l'occasion de participer au projet ont affirmé avoir « *le sentiment que justice avait été rendue* » [4]. En ce qui concerne les victimes, un peu moins de 80 % partagent ce ressenti [5]. Cette satisfaction se révèle être supérieure à celle recensée auprès de personnes ayant eu recours au système traditionnel de justice pénale. Il faut néanmoins garder à l'esprit que ces chiffres sont plus ou moins biaisés puisque les personnes ayant répondu à cette étude « *étaient initialement volontaires pour participer à*

1. https://oip.org/analyse/canada-une-justice-restaurative-qui-joue-sur-la-peine/.
2. G. LAMOURE, S. BOSQUET, « Canada : une justice restaurative qui joue sur la peine », préc.
3. *Ibid.*
4. *Ibid.*
5. G. LAMOURE, S. BOSQUET, « Canada : une justice restaurative qui joue sur la peine », préc.

l'expérience » [1]. Au-delà du sentiment de satisfaction, le Canada affirme que la justice restaurative est un puissant instrument propice à la réinsertion ainsi qu'à la réparation, susceptible de restaurer la confiance des justiciables dans l'institution judiciaire.

Face à ces résultats canadiens probants, la Belgique, pays européen dont le droit est proche du droit français, s'est également engagée, à partir des années 1990, dans la pratique expérimentale de la justice restaurative.

2. La pratique expérimentale belge

À la fin du XXe siècle, la Belgique commence à mettre en œuvre des « *projets de recherche, des initiatives et autres expérimentations* » [2] en matière de justice restaurative. À compter des années 1990, un certain nombre d'associations et de chercheurs ont mis en place des programmes imprégnés du processus et des valeurs restauratifs [3]. Les premières médiations vont ainsi être conduites, dans un premier temps, dans le cadre de la justice des mineurs. À partir des années 2000, le système belge étend cette mesure en mettant en place des médiations entre des personnes condamnées détenues et des personnes victimes.

Ces prémices restauratives ont été si convaincantes que le droit belge consacre légalement la médiation en 2005 par une loi du 22 juin [4]. La Belgique définit cette mesure comme un service directement accessible à toutes les parties concernées par une procédure pénale. La médiation peut être mise en œuvre quelle que soit la nature de l'infraction et à tous les stades de la

---

1. Gendarmerie royale du Canada, La justice réparatrice : une solution innovatrice, https://www.rcmp-grc.gc.ca/en.
2. V. JEANPIERRE, « La justice restaurative en droit comparé », Archive ouverte HAL, 26 avr. 2019, p. 2.
3. A. LEMONNE, B. CLAES, In « *Justice ! » Des mondes et des visions*, Érudit, 2014, p. 126.
4. V. JEANPIERRE, « La justice restaurative en droit comparé », préc., p. 6.

procédure. Contrairement à la médiation pénale que connait le système français, en Belgique, la médiation n'est pas une alternative aux poursuites. Elle se déroule « *parallèlement à la procédure pénale classique* » [1]. Autrement dit, dans le système pénal belge, la médiation n'est pas une « *mesure judiciaire imposée par un magistrat* » [2]. Elle résulte uniquement de la volonté des parties qui la sollicitent. Concrètement, la médiation belge prend la même forme que la médiation française : une rencontre entre auteurs et victimes sous le contrôle d'un tiers formé et impartial. Concomitamment, la Belgique a mis en place de la médiation après condamnation, permettant ainsi « *d'avancer plus que par les saisies d'huissiers ou les échéanciers qui ne satisfont personne (dans le cadre de l'obligation d'indemniser la partie civile)* » [3].

Ainsi, le Canada et la Belgique ont tous deux été précurseurs de la mise en œuvre effective de cette façon de faire justice. De fait, ils « *ont joué un rôle de premier plan dans l'affermissement de la justice restaurative* » [4]. Par conséquent, sous l'influence des expériences canadiennes et belges, la France a « *timidement, mais surement* » [5] conduit des expériences de terrain en la matière. Cette pratique expérimentale convaincante est alors apparue comme une injonction faite au législateur français de consacrer la justice restaurative dans notre droit pénal.

---

1. *Ibid.*
2. S. DINDO, « Sursis avec mise à l'épreuve, une analyse des pratiques de probation en France », Direction de l'administration pénitentiaire, coll. Travaux et documents, mai 2011, p. 67.
3. S. DINDO, « Sursis avec mise à l'épreuve, une analyse des pratiques de probation en France », Direction de l'administration pénitentiaire, coll. Travaux et documents, mai 2011, p. 67.
4. M. GIACOPELLI, « Justice restaurative », Lexis360, Jurisclasseur Procédure pénale, 30 avr. 2020.
5. R. CARIO, In *La justice restaurative en France. Une utopie créatrice et rationnelle*, *op. cit.*, p. 109.

B) L'injonction faite au législateur par les expériences de terrain françaises

En France, l'avènement de la justice restaurative a débuté, en pratique, en 2007, lorsque le CNAV a installé un groupe de travail pour réfléchir à la justice restaurative. Deux ans plus tard se sont tenues les XXIIIes Assises nationales de France-Victimes, sur le sujet « *de la réparation à la restauration des victimes* » [1]. Suite à cela, les premières actions concrètes ont progressivement été conduites en France, encadrées par la législation européenne [2] (1). Ces expérimentations restauratives se sont soldées par des résultats si probants (2) qu'elles ont résonné comme une nécessité d'introduire ce processus dans l'arsenal législatif français.

1. Les actions concrètes déployées sur le territoire national

Avant même que les premières expérimentations de justice restaurative ne voient le jour en France, la correspondance écrite des époux Chenu avec l'un des trois meurtriers de leur fils a marqué les prémices de la mise en œuvre du processus restauratif sur le territoire national. Le 4 avril 2005, les parents de François Chenu, victime d'un meurtre homophobe à Reims le 13 septembre 2002, sans aversion, ont envoyé une lettre aux meurtriers de leurs fils, six mois après le procès pénal [3]. Cet échange écrit rendu public a ouvert la voie de la communication et de l'écoute [4], permettant ainsi aux auteurs de sortir de leur statut de

---

1. http://www.justicerestaurative.org/un-peu-dhistoire/.
2. Avant que le législateur ne reconnaisse légalement la justice restaurative, les premières expériences de terrain menées sur le territoire national n'avaient qu'un cadre législatif européen avec la Directive 2012/09/UE du 25 oct. 2012.
3. S. JACQUOT, Y. CHARPENEL, In *La justice réparatrice. Quand victimes et coupables échangent pour limiter la récidive*, L'Harmattan, coll. Questions contemporaines, 2012, p. 65.
4. S. JACQUOT, Y. CHARPENEL, In *La justice réparatrice. Quand victimes et coupables échangent pour limiter la récidive*, préc. p. 65.

coupable pour « *redevenir des Hommes* » [1]. La démarche de ces victimes a été « *visionnaire* », car elle dépasse ce qui est envisageable et compréhensible par la majorité des personnes confrontées au même drame humain.

Postérieurement à cet évènement médiatisé, les professionnels du travail social ont développé des expérimentations sur le territoire national [2]. La première a eu lieu en 2010, lorsqu'est mise en place une rencontre détenus-victimes à la Maison centrale de Poissy [3]. À l'initiative de France Victimes et du SPIP des Yvelines, deux groupes de personnes condamnées et victimes, anonymes, se sont régulièrement rencontrés, pendant six semaines, au sein de l'établissement pénitentiaire « *pour cheminer, ensemble, vers une tentative de meilleure compréhension intersubjective, au-delà des conséquences directes déjà prises en compte, des répercussions des crimes respectivement commis ou subis* » [4]. Cette première rencontre, sans précédent en France, s'est déroulée sous le contrôle bienveillant, impartial et indépendant de deux animateurs et de deux représentants de la société civile. Lors de cette expérimentation restaurative, l'ensemble des protagonistes sont sortis de leurs statuts respectifs d'auteur et de victime pour laisser apparaitre « *des singularités en souffrance, dans des postures très proches* » [5].

Trois années après les premières expériences restauratives en France, est créé l'Institut français pour la justice restaurative. Sa naissance résulte de la nécessité de proposer aux institutions et services souhaitant mettre en œuvre des mesures restauratives,

---

1. Termes employés par Monsieur Chenu dans la lettre envoyée aux meurtriers de son fils.
2. R. COUTANCEAU, C. DAMIANI (Dir.), In *Victimologie. Évaluation, traitement et résiliences,* Dunod, coll. Psychothérapies, 2018, pp. 226-239.
3. http://www.justicerestaurative.org/un-peu-dhistoire/.
4. R. CARIO, In *Les rencontres détenus – victimes. L'humanité retrouvée,* L'Harmattan, coll. Controverses, 2012.
5. *Ibid.*

« *un lieu de référence sur l'état de l'art restauratif* » [1]. L'IFJR rassemble des chercheurs, des praticiens, des experts en la matière. L'ensemble de ces acteurs interviennent tous les jours aux côtés des professionnels de la justice pour favoriser l'implantation de ce processus et la pratique de mesures restauratives. Face à l'accroissement exponentiel des sollicitations en provenance du terrain et de la pratique, l'IFJR s'est inscrit dans un véritable projet d'accompagnement des mises en œuvre de la justice restaurative en France.

Si les modalités restauratives ont continué d'être expérimentées sur le territoire national, c'est parce que les premières expériences de terrain ont été concluantes et convaincantes. À l'issue de la session de rencontre détenus-victimes à Poissy, tous les participants ont déclaré « *avoir progressé vers un sentiment d'apaisement, de libération même mais, surtout, d'humanité réciproque retrouvée* » [2]. La pratique expérimentale relative à la mise en œuvre des mesures restauratives s'est directement soldée par des résultats prometteurs.

2. Les résultats prometteurs de la pratique expérimentale

Il y a une réelle exigence d'évaluer les programmes restauratifs pour déterminer les avantages qu'ils peuvent procurer pour les victimes, les personnes auteures, la communauté et, plus globalement, le système judiciaire. Les résultats, issus des évaluations et publiés par l'IFJR, proviennent d'études conduites et diligentées en dehors de la France [3]. En ce qui concerne les rencontres détenus-victimes, 31 % des personnes victimes ayant

1. R. CARIO, In *Les rencontres détenus – victimes. L'humanité retrouvée*, préc.
2. R. CARIO, In *Les rencontres détenus – victimes. L'humanité retrouvée*, préc.
3. http://www.justicerestaurative.org/les-resultats-de-la-justice-restaurative/.

participé à ce type de mesure, affirment que le processus restauratif « *participe à la compréhension du passage à l'acte* » [1]. S'agissant des auteurs, il permet une meilleure compréhension des personnes ayant subi un préjudice dans 78 % des cas [2] et contribue à une prise de conscience effective des torts causés pour 88 % des délinquants ayant participé à une rencontre restaurative [3]. S'agissant de la médiation restaurative, ce type de programme a un réel impact sur la prévention de la récidive, puisqu'il y a « *environ 30 % de récidive en moins pour les participants par rapport aux non participants* » [4].

Au-delà de la satisfaction des participants, entrevue dans les développements antérieurs, les rencontres restauratives permettent, d'une part, de faire sauter la dichotomie traditionnelle entre coupables et victimes, d'autre part, de faire exploser l'approche binaire du rapport auteurs / victimes pour la remplacer par un traitement plus humaniste fondé sur la prise en considération des individus et non pas uniquement des actes. En restaurant la parole et l'écoute, les protagonistes ont le sentiment que la justice restaurative « *vient combler un vide* » [5] puisque cet espace de dialogue n'existe nulle part ailleurs. Ce lieu inédit d'échange offre alors aux victimes la possibilité de présenter les difficultés qu'elles rencontrent au quotidien depuis la survenue de l'infraction et de mettre des mots sur leurs ressentis. Autrement dit, les victimes détiennent l'opportunité d'exprimer leurs souffrances, ce qu'elles ne peuvent pas toujours faire durant l'audience pénale. Concomitamment, pour les auteurs d'infraction, la justice

---

1. http://www.justicerestaurative.org/les-resultats-de-la-justice-restaurative/.
2. M. BEAULAC, G. ROUSSEAU-COMTOIS, Rapport d'évaluation portant sur le programme rencontres détenus-victimes du Centre de services de justice réparatrice, Montréal, Multigraph, 2006, p. 34.
3. V. KONE, Rapport d'évaluation portant sur le programme Rencontre détenus-victimes du Centre de service de justice réparatrice, Montréal, Multigraph, 2008, p. 61.
4. http://www.justicerestaurative.org/les-resultats-de-la-justice-restaurative/.
5. IFJR, Enquête nationale des programmes de justice restaurative, 2018, p. 27.

restaurative leur propose un endroit neutre de réflexion, susceptible de permettre l'examen des répercussions de leurs agissements. Comme en attestent les chiffres au-dessus, cette réflexion a un effet positif sur la diminution de la récidive.

En ce qui concerne les professionnels, la mise en œuvre de cette justice permet un « *décloisonnement* » [1]. Elle met à leur disposition une vision transversale de l'infraction pénale grâce à la prise en compte de l'auteur, de la victime mais également, selon les mesures restauratives, de la société. Par conséquent, les compétences et aptitudes professionnelles de chaque acteur de la chaîne pénale sont partagées dans le cadre de cette façon de faire justice. Pour certains, les aspects de la victimologie viennent enrichir leur pratique [2]. Pour d'autres, les éléments criminologiques s'ajoutent à leur prise en charge classique des auteurs d'infractions [3]. Ainsi, les professionnels du droit évoquent « *un autre sens donné à leur pratique, un autre regard qui permet de mieux comprendre soit l'univers dans lequel évoluent les personnes condamnées soit celui des personnes victimes* » [4].

Ainsi, les multiples expérimentations internationales et nationales de justice restaurative se sont révélées plus que concluantes. Dès les premières expériences de terrain, un déclin de la récidive et un niveau élevé de satisfaction, « *qui frise les 93 %* » [5], ont pu être observés. Sur la base ce constat, le législateur français a intégré, de façon pertinente, la justice restaurative dans notre droit pénal, car il était devenu pressant de donner un encadrement légal à ces expériences de terrain qui ne bénéficiaient que d'un cadre législatif européen.

---

1. IFJR, Enquête nationale des programmes de justice restaurative, 2018, p. 27.
2. *Ibid.*
3. *Ibid.*
4. IFJR, Enquête nationale des programmes de justice restaurative, 2018, p. 27.
5. T. COUSTET, « La justice restaurative : un dispositif encore trop peu utilisé », Dalloz actualité, 12 juin 2019.

À ce titre, les institutions internationales et européennes, acteurs pionniers du développement de la justice restaurative, ont enjoint la France de professionnaliser davantage les pratiques de ce processus en le consacrant explicitement en droit positif.

§ 2. Une reconnaissance législative requise par les institutions internationales et régionales

Comme cela a pu être remarqué dans le premier chapitre de ce travail de recherche, les organisations internationales et régionales ont été les premières à reconnaitre, officiellement, la justice restaurative. Dès les années 2000, elles ont adopté plusieurs résolutions invitant les États membres à introduire dans leur législation nationale la justice restaurative. Néanmoins, face au développement timide de ladite justice en France, certaines organisations internationales et régionales ont exercé une pression palpable sur le système français, forçant ainsi la main du législateur pour reconnaitre officiellement cette doctrine d'action pénale (A). Parallèlement, le législateur français a été confronté à la transposition obligatoire de certains textes régionaux relatifs à la justice restaurative (B).

A) La pression des organisations internationales et régionales sur le législateur

En matière de victimologie et d'agressologie [1], les organisations internationales, plus encore les institutions régionales, se révèlent être de véritables chevilles ouvrières [2]. S'agissant de la justice restaurative, cela a également été le cas. Certaines institutions internationales (1) et plusieurs organisations régionales (2) ont joué un rôle central dans la diffusion et l'encadrement de cette doctrine d'action pénale, enjoignant ainsi les États membres à la reconnaitre officiellement.

---

1. Il s'agit de deux branches distinctes de la criminologie dont l'une a pour objet d'étude la victime et l'autre le passage à l'acte.
2. R. CARIO, « Justice restaurative », préc., para. 30.

1. L'incitation du Conseil économique et social des Nations Unies

L'Organisation des Nations Unies a été l'une des premières institutions, de portée universelle, à se pencher sur la question restaurative. Dès avril 2002, le Conseil économique et social des Nations Unies intervient en la matière avec une résolution dont le but est de fixer les principes fondamentaux propres à la mise en exécution des mesures de justice restaurative. Dans le cadre de cette résolution, est reconnu, expressément, « *l'essor significatif* » [1] des expériences restauratives dans de nombreux États. Le Conseil souligne toutefois que l'application des mesures de ce processus n'est encore qu'au « *stade préliminaire* » [2]. Par conséquent, il considère qu'il est nécessaire d'élaborer un instrument international sur la justice restaurative pour guider efficacement les États dans la reconnaissance et la mise en œuvre des mesures de ce dispositif [3]. En parallèle, il tente d'exhorter les États membres à élaborer, législativement, les lignes directrices de la justice restaurative et les conditions qui devront être respectées pour la mettre en pratique [4].

Sur la base de cette résolution de 2002, se tient à Bangkok, en avril 2005, le XIe Congrès des Nations Unies à l'occasion duquel est proclamée une déclaration qui fixe des principes clés, purement incitatifs, relatifs au recours à des programmes restauratifs en matière pénale [5]. Au-delà, cette déclaration, intervenant pour la prévention du crime et le traitement des délinquants, encourage

---

1. R. CARIO, In *Justice restaurative. Principes et promesses*, *op. cit.*, pp. 60-61.
2. Cons. économique et social des Nations Unies, Rapport Secrétaire général, *La justice réparatrice*, commission pour la prévention du crime et la justice pénale, onzième session, Vienne, 16-25 avr. 2002, p. 3.
3. Cons. économique et social des Nations Unies, Rapport Secrétaire général, *La justice réparatrice*, commission pour la prévention du crime et la justice pénale, onzième session, Vienne, 16-25 avr. 2002, p. 3.
4. R. CARIO, In *Justice restaurative. Principes et promesses*, *op. cit.*, p. 61.
5. R. CARIO, « Justice restaurative », préc. para. 31.

les États à reconnaitre la nécessité d'affiner encore leurs politiques et procédures « *par des solutions de rechange aux poursuites* » [1].

Parallèlement au Conseil économique et social des Nations Unies, les institutions européennes, notamment le conseil de l'Europe, ont également incité les États membres, dont la France, à reconnaitre la justice restaurative et à introduire les mesures de ce processus dans leur droit positif.

2. L'incitation du Conseil de l'Europe

En matière d'alternatives à la justice pénale traditionnelle, le Conseil de l'Europe a été l'une des organisations régionales, avec l'Union européenne, qui s'est rapidement saisie de cette question. À compter de la fin des années 1980, le Conseil de l'Europe s'est, dans un premier temps, intéressé à la place de la victime dans la procédure pénale avec une recommandation de juin 1985 relative à « *la position de la victime dans le cadre du droit pénal et de la procédure pénale* » [2]. Deux années plus tard, le Conseil de l'Europe édicte d'autres recommandations qui visent à accorder et assurer une assistance de qualité aux personnes ayant subi un préjudice directement causé par une infraction [3]. Depuis plus d'une trentaine d'années, le Conseil de l'Europe enjoint les pays membres à mieux prendre en considération les individus victimes d'un fait délictueux ou criminel. Dans le même temps, il recommande aux systèmes nationaux de justice pénale de tenir davantage compte des personnes auteures et de développer les peines

1. Nations Unies, Office contre la drogue et le crime, Manuel sur les programmes de justice réparatrice, 2008, p. 2.
2. Recommandation N° (85) 11 du Comité des ministres aux États membres sur la position de la victime dans le cadre du droit pénal et de la procédure pénale.
3. S. CAMPEMAE, « L'appropriation des mesures de justice restaurative par le service pénitentiaire d'insertion et de probation suite à la réforme pénale du 15 août 2014 : légitimité et enjeux », mémoire de recherche et d'application professionnelle, juin 2015, p. 15.

et mesures exécutées en milieu ouvert, au sein de la communauté [1].

Dans cette perspective, le Conseil de l'Europe a adopté, en 1999, une recommandation relative à la médiation pénale [2]. Dans ce texte essentiel, l'institution régionale met en exergue la nécessité d'accorder une place prépondérante et une participation dynamique à la procédure pénale de l'auteur, de la victime et « *de tous ceux qui sont concernés en tant que partie* » [3]. La recommandation va encore plus loin puisqu'elle préconise d'impliquer plus directement la société civile et ses membres.

Le Conseil de l'Europe continue dans cette voie en adoptant une résolution « *relative à la mission sociale du système de justice pénale – justice réparatrice* » lors de la 26e Conférence des ministres européens de la Justice. Dans ce texte régional, l'organisation européenne recommande aux États la mise en œuvre effective de sanctions appliquées au sein de la communauté et de modalités restauratives dans la mesure où elles sont susceptibles d'avoir « *un impact positif sur les coûts sociaux de la criminalité et la lutte contre le crime* » [4].

Parallèlement à cette incitation plus ou moins contraignante des organisations internationales et régionales, le législateur français a été confronté à la transposition obligatoire de certains textes régionaux relatifs à la justice restaurative

1. R. CARIO, « Justice restaurative », préc. para. 34.
2. Recommandation N° R (99) 19 adoptée par le Comité des ministres du Cons. de l'Europe le 15 sept. 1999.
3. R. CARIO, « Justice restaurative », préc. para. 35.
4. *Ibid.*, para. 34.

B) Un législateur confronté à la transposition obligatoire de certains textes européens

L'Union européenne s'est rapidement inscrite dans la continuité des travaux du Conseil de l'Europe et de l'ONU, tout en se montrant davantage contraignante. Dès mars 2001, le conseil de l'Union européenne a adopté une décision-cadre [1] sur la procédure de médiation comme modalité de régulation des affaires pénales. Cette décision-cadre avait comme spécificité d'être impérativement appliquée par tous les États membres, en toutes ses dispositions [2]. Étant donné qu'elle a été transposée de façon imparfaite par la plupart des États membres, le Conseil de l'Union européenne l'a remplacée par une directive du 25 octobre 2012 [3] qui tire toutes les conséquences du développement patent de la justice restaurative en Europe. De fait, il semble essentiel de revenir sur la lettre du texte de cette directive (1) avant de voir comment elle a imposé l'introduction des mesures de justice restaurative dans la procédure pénale française (2).

1. La lettre du texte de la directive du 25 octobre 2012

La directive 2012/29/UE du 25 octobre 2012 se révèle relativement « *explicite quant à la mise en œuvre de la justice restaurative* » [4]. Dans un premier temps, ce texte régional fait référence à toute la variété des mesures restauratives existantes. À ce titre, il mentionne la médiation entre la victime et l'auteur de l'infraction, la conférence en groupe familial et les cercles de détermination de la peine. La directive précise néanmoins que même si

---

1. Décision du Conseil du 15 mars 2001 relative au statut des victimes dans le cadre de la procédure pénale (2001/220/JAI).
2. R. CARIO, « Justice restaurative », préc. para. 35.
3. Directive 2012/29/UE du Parlement européen et du Conseil établissant du 25 oct. 2013 des normes minimales concernant les droits, le soutien et la protection des victimes de la criminalité et remplaçant la décision-cadre 2001/220/JAI du Conseil.
4. R. CARIO, « Justice restaurative », préc. para. 35.

l'ensemble des services de justice restaurative peuvent être extrêmement bénéfiques pour les victimes, ils rendent obligatoire « *la mise en place de garanties* » [1].

Cette directive européenne poursuit en encadrant le recours au processus restauratif. Elle impose aux pays membres de prévoir et d'instaurer des mesures susceptibles d'assurer « *la protection de la victime contre une victimisation secondaire et répétée, des intimidations et des représailles* » [2]. Il est dès à présent possible de constater que cette directive est orientée exclusivement vers la personne victime puisqu'elle prévoit qu'une mesure de justice restaurative doit être mise en œuvre dans le « *seul intérêt de la victime* » [3]. Or ce processus est tourné tant vers la victime que l'auteur, leurs proches et la communauté. Il y a donc une ambiguïté dans ce texte régional [4].

En parallèle, la directive du 25 octobre 2012 énonce les conditions requises pour déployer un programme restauratif. Comme cela a pu être vu antérieurement, l'auteur doit avoir reconnu les faits et sa responsabilité pour pouvoir mettre en place une mesure restaurative [5]. En outre, les services compétents doivent s'assurer du « *consentement libre et éclairé* » [6] des protagonistes. Il est précisé que celui-ci est « *révocable à tout moment* » [7]. En parallèle, il est nécessaire que tous les participants aient reçu des « *informations complètes et impartiales* » [8] s'agissant du processus et des résultats envisageables.

---

1. Directive 2012/29/UE du Parlement européen du Conseil, para. 46.
2. Art. 12 Directive 2012/29/UE du Parlement européen du Conseil.
3. Art. 12, a Directive 2012/29/UE du Parlement européen du Conseil.
4. R. CARIO, « Justice restaurative », préc. para. 35.
5. Art. 12, c Directive 2012/29/UE du Parlement européen du Conseil.
6. Art. 12 Directive 2012/29/UE du Parlement européen du Conseil.
7. *Ibid.*
8. Art. 12, b Directive 2012/29/UE du Parlement européen du Conseil.

Enfin, le texte prévoit que les débats intervenant dans le cadre des rencontres restauratives doivent être soumis à la confidentialité et que leur teneur ne peut pas être divulguée, « *sauf avec l'accord des parties ou si le droit national l'exige en raison d'un intérêt public supérieur* » [1]. Il est précisé que toute mesure peut déboucher sur un accord qui doit être conclu en totale liberté. Ce dernier peut être pris en considération dans le cadre d'une procédure pénale postérieure.

Ainsi, la lettre du texte de la directive du Parlement européen énonce clairement et formellement les prérequis ainsi que les circonstances dans lesquels la justice restaurative doit faire son œuvre. Au-delà elle incite les États à créer des services de justice restaurative. En d'autres termes, l'Union européenne invite les pays à développer plus largement la justice restaurative dans leur système de justice pénale.

L'invitation de cette organisation régionale s'est révélée impérieuse, car la présente directive devait impérativement être transposée par l'ensemble des États membres.

2. La transposition impérative de la directive du 25 octobre 2012

Au regard de l'article 27 de la directive européenne d'octobre 2012, la France n'avait pas d'autre choix que d'intégrer le processus restauratif dans son droit national, car ce texte régional relatif au développement de la justice restaurative devait, dans tous les cas, faire l'objet d'une transposition en droit interne, « *au plus tard le 16 novembre 2015* » [2]. À terme, l'État français devait donc mettre en vigueur les dispositions législatives, réglementaires et administratives nécessaires pour se conformer à la directive 2012/29/UE. Ainsi, au vu de la transposition impérative de cette directive et conformément aux exigences de cette dernière, la loi du 15 août 2014 a consacré à la justice restaurative un sous-

1. Art. 12, e Directive 2012/29/UE du Parlement européen du Conseil.
2. Art. 27 Directive 2012/29/UE du Parlement européen du Conseil.

titre II, intitulé « *De la justice restaurative* » dans le Titre préliminaire du Code de procédure pénale. En vérité, en introduisant l'article 10-1 dans le code précité, la garde des Sceaux de l'époque a fait le choix d'anticiper la transposition des dispositions de la directive d'octobre 2012 [1]. *A fortiori*, la loi du 15 août 2014 a consacré la justice restaurative « *pour transposer une directive dont le délai arrivait à échéance à l'automne 2015* » [2]. L'intégration du processus restauratif dans l'arsenal législatif français s'est donc faite sous la pression de certains « *textes internationaux ou régionaux plus ou moins contraignants* » [3].

Sur la base de ces développements, le droit européen apparait, progressivement, s'introduire dans la procédure pénale des États membres par le biais des décisions-cadres et des directives. L'ensemble de ces textes régionaux œuvrent pour harmoniser et adapter la procédure pénale des pays membres au droit de l'Union européenne. Relativement à de la cadence des initiatives européennes, une grande partie de la politique pénale française consiste, aujourd'hui, à transposer ces différents textes plus ou moins impératifs [4]. Certains membres de la doctrine considèrent alors qu'en matière de procédure pénale une nouvelle période est en train de s'ouvrir : « *l'ère de la réforme par transposition* » [5]. Par conséquent, la marge de manœuvre du législateur français est réduite. Au-delà, les divergences d'opinions ainsi que les oppositions politiques disparaissent « *devant le fatalisme d'une transposition obligatoire* »[6].

---

1. Audition de C. TAUBIRA dans le cadre du Rapport n° 641 (2013-2014) de J.P. MICHEL fait au nom de la commission des lois, 18 juin 2014, pp. 99 et s.
2. E. VERGÈS, « La réforme par transposition : la nouvelle voie de la procédure pénale », Dalloz, RSC, 2015, p. 683.
3. R. CARIO, In *La justice restaurative en France. Une utopie créatrice et rationnelle*, *op. cit.*, p. 51.
4. E. VERGÈS, « La réforme par transposition : la nouvelle voie de la procédure pénale », préc.
5. *Ibid.*
6. *Ibid.*

La loi du 15 août 2014, à l'initiative de l'intégration de la justice restaurative dans la procédure pénale française, semble emprunter cette nouvelle voie. Elle incarne une loi de transposition dont l'ambition première est de combler un considérable retard de transposition qui exposait l'État français à un certain nombre de sanctions européennes.

Le processus restauratif a fait l'objet d'une intégration accélérée dans notre système de justice pénale, en premier lieu, sous l'impulsion de la pratique expérimentale mise en œuvre sur le territoire national. Soucieux de bénéficier d'un cadre légal pour leurs expériences de terrain prometteuses, les chercheurs et praticiens ont explicitement souhaité que le législateur français intègre dans le droit positif cette façon de faire justice largement développée au sein de l'Union européenne.

Cette initiative de terrain a été étayée par les institutions internationales et régionales, partisanes de cette doctrine d'action pénale. Le conseil de l'Europe est allé encore plus loin dans la mesure où il a explicitement imposé à la France de consacrer, dans son droit interne, la justice restaurative en rendant obligatoire la transposition de la directive européenne de 2012.

Conclusion

Le processus restauratif a difficilement trouvé et fait sa place dans l'arsenal législatif français, car la justice punitive et rétributive est ancrée depuis si longtemps dans notre système qu'il est compliqué d'envisager une autre manière de rendre la justice que par une peine afflictive et infamante[1]. La nécessité de sanctionner, relevée dans les écrits de Emmanuel Kant [2], a indéniablement influencé notre logique pénale contemporaine. La sanction apparait comme l'unique façon de rétablir l'ordre social troublé par l'infraction. De façon sous-jacente, il y a l'idée que la peine doit nécessairement, pour être efficace et dissuasive, causer une souffrance à celui qui la subit. Malgré les avancées incontestables du droit pénal, la peine demeure rétributive, neutralisante et intimidante. Or, la justice restaurative tente d'enseigner « *qu'il existe d'autres voies que celle de la massification industrialisée de la justice et, inversement, que l'artisanat et l'humanité, l'intérêt pour les conséquences sur les justiciables de ce que l'on fait, le respect constant de ceux-ci, le savoir travailler ensemble, joints aux principes processuels, sont encore à notre portée* » [3].

1. M.H. VERNERIS, « Justice et pardon, une cohabitation possible derrière les barreaux ? », Le sujet dans le cité, 2016, p. 217.
2. E. KANT (1724-1804) est un philosophe et penseur allemand du XVIIIème siècle connu pour ses réflexions et écrits sur la morale, l'esthétisme et la politique.
3. M. HERZOG-EVANS, « Révolutionner la pratique judiciaire. S'inspirer de l'inventivité américaine », D., 2011, p. 3016.

Face aux insuffisances de la justice pénale, à la persévérance des promoteurs de cette nouvelle façon de faire justice et à la pression du Parlement européen, le législateur français a fini par inscrire expressément dans la loi le dispositif restauratif. Néanmoins, si le processus existe, son développement en pratique reste timide. Une infime partie des magistrats et des SPIP mettent en œuvre aujourd'hui des mesures restauratives [1]. Des freins, autres que ceux purement théoriques, existent et persistent. D'abord, le processus en lui-même implique de mobiliser un nombre conséquent d'acteurs de la chaîne pénale : les magistrats, les associations de victimes ainsi que les SPIP. Également, la crainte que la justice restaurative fasse l'objet d'une instrumentalisation rebute [2]. Enfin, la mise en place d'une mesure restaurative, quelle qu'elle soit, nécessite du temps, coûteux, et dont les bénéfices ne sont pas instantanés. L'interrogation qui demeure alors entière est de savoir si notre système de justice pénale est prêt à investir dans une justice parallèle et complémentaire qui accepte de consacrer tout son temps au service des personnes victimes et des personnes auteures d'infraction [3].

---

1. T. COUSTET, « La justice restaurative : un dispositif encore trop peu utilisé », préc.
2. *Ibid.*
3. V. DANDONNEAU, « Retour sur une expérimentation européenne de médiation post-sentencielle », *AJ pénal*, 2011, p. 225.

Bibliographie

I. Ouvrages généraux

M. ANCEL, La défense sociale nouvelle (un mouvement de politique criminelle humaniste), 3e Ed., Cujas, 1954.

I. AERTSEN, B. PALI, Critical Restorative Justice, Hart publishing, 2017. R. BADINTER, Guide des droits des victimes, Gallimard, 1982.

J. BERNAT DE CELIS, L.H.C HULSMAN, Peines perdues, le système pénal en question, Le Centurion, Coll. DHS, 1982.

B. BOULOC, Droit pénal général, Dalloz, Précis, 25e Ed, 2017.

J. BRAITHWAITE, Crime, shame and reintegration, Cambridge University Press, 1989.

J. CARBONNIER, Droit et passion du droit sous la Ve République, Flammarion, 1997.

R. CARIO, Introduction aux sciences criminelles. Pour une approche globale et intégrée du phénomène criminel, L'Harmattan, Coll. Traité de sciences criminelles, Vol. 4, 6e Ed., 2008.

R. CARIO, Justice restaurative. Principes et promesses, L'Harmattan, Coll. Traité de sciences criminelles, 2e Ed., 2010.

R. CARIO, La justice restaurative en France : Une utopie créatrice et rationnelle, L'Harmattan, Coll. Controverses, 2020.

R. CARIO, P. MBANZOULOU (Dir.), La justice restaurative. Une utopie qui marche ?, L'Harmattan, Coll. Sciences criminelles, 2010.

R. CARIO, La justice restaurative. Rapport du groupe de travail, CNAV, ministère de la Justice, Multigraph, 2007.

R. CARIO, Victimes : Du traumatisme à la restauration. Œuvre de justice et victimes, Vol. 2, L'Harmattan, Coll. Sciences criminelles, 2001.

R. CARIO, Victime : du traumatisme à la restauration, L'Harmattan, Coll. Sciences criminelles, 2002.

R. CARIO, Victimologie. De l'effraction du lien intersubjectif à la restauration sociale, L'Harmattan, Coll. Traité de Sciences criminelles, Ed. 2006, vol. 2-1, 3e éd. 2006.

R. CARIO, Les rencontres détenus-victimes. L'humanité retrouvée, L'Harmattan, Coll. Controverses, 2012.

J.P. CARMINATI, Présumés coupables. Pour une mise en examen du système pénal, Ed. Michalon, 2006.

C. CARREAU, Publicité fausse ou de nature à induire en erreur – Publicité comparative, Rép. pén., oct. 2004.

R. CASSIN, Criminologie, Dalloz, Précis, 6e éd., 2007.

Y CHARPENEL, Les rendez-vous de la politique pénale. Concilier devoir de justice et exigence de sécurité, Ed. Armand Colin, Coll. Sociétales, 2006.

E. COHEN, M. DENIS-LINTON, J.Y. DUPEUX, L'exigence de justice. Mélange en l'honneur de Robert Badinter, Dalloz, Coll. Études, mélanges, travaux, 2016.

M. COQUET, De l'abolition du système pénal : Le regard de Louk Hulsman, Campus ouvert, 2016.

G. CORNU, H. CAPITANT, Vocabulaire juridique, PUF, Coll. Quadridge, 13e éd., 2020.

R. COUTANCEAU, C. DAMIANI (Dir.), Victimologie. Évaluation, traitement, résilience, Dunod, Coll. Psychothérapies, 2018.

J.M. DEJENNE, Rendre (la) justice au-delà des prétoires : exécuter les peines, Sciences Humaines, Coll. Les entretiens d'Auxerre, 2013.

D. DELAMOTTE, Qui a peur de la nouvelle peine sans prison ? Ajouter du « lien » et non du « rang » pour réussir la contrainte pénale et en finir avec la récidive, L'Harmattan, 2014.

E. DIEU, Les innovations criminologiques, L'Harmattan, Coll. Logique des pénalités contemporaines, 2017.

I. DRÉAN-RIVETTE, La criminologie en Amérique. Perspectives comparées France-Canada, L'Harmattan, Coll. Controverses, 2011.

S. ENGUÉLÉGUÉLÉ, Les politiques pénales (1958-1995), Ed. L'Harmattan, Coll. Logiques politiques, 1998.

ESCHYLE, Agamemnon, Belles lettres, Coll. Classiques En Poches, 2015.
J. FAGET, Médiations : les ateliers silencieux de la démocratie, Érès, Coll. Trajets, 2015.

M. FOUCAULT, Surveiller et punir. Naissance de la prison, Ed. Galimard, 1975.

A. GARAPON, F. GROS et T. PECH, Et ce sera justice. Punir en démocratie, Odile Jacob, 2001.

A. GARAPON, D. SALAS, Les nouvelles sorcières de Salem. Leçon d'Outreau, Seuil, 2007.

T. GARÉ, C. GINESTET, Droit pénal. Procédure pénale, Dalloz, HyperCours, 12e éd., 2020.

G. GIUDICELLI-DELAGE, C. LAZERGES, La victime sur la scène pénale en Europe, PUF, Les voies du droit, 2008.

S. GUINCHARD, T. DEBARD, Lexique des termes juridiques, Dalloz, Coll. Lexiques, 28e éd., 2020-2021.

J. HABERMAS, Théorie de l'agir communicationnel, Fayard, Sciences humaines, 1987.

N. JACCOUD, Justice réparatrice et médiation pénale. Convergences ou divergences ?, L'Harmattan, Coll. Sciences criminelles, 2003.

S. JACQUOT, Y. CHARPENEL, La justice réparatrice. Quand victimes et coupables échangent pour limiter la récidive, L'Harmattan, Questions contemporaines, 2012.

E. JAFFELIN, Apologie de la punition, Ed. Plon, 2014.
Y. JEANCLOS, La peine. Miroir de la justice, Lextenso, Coll. Clefs politiques, 2012.

C. KUREK, P. MISTRETTA, S. PAPILLON (Dir.), L'empreinte des valeurs sociales protégées en droit pénal, Dalloz, Coll. Thèmes et commentaires, 2020.

J. LECOMTE, La justice restaurative, introduction à la psychologie positive, Dunod, 2009.

A. LEMONNE, B. CLAES, « Justice ! » Des mondes et des visions, Erudit, 2014,

P. MARY, Insécurité et pénalisation du social, Labor, Quartier libre, 2003.

C. MIRABEL-SARRON, Se reconstruire après un accident de la vie, Odile Jacob, Coll. Guides pour s'aider soi-même, 2020.

L. MUCCHIELLI, La frénésie sécuritaire. Retour à l'ordre et nouveau contrôle social, Ed. La Découverte, Coll. Sur le vif, 2008.

D. O'MAHONY, J. DOAK, Reimagining restorative justice, Hart publishing 2017.

R. OTTENHOF (Dir.), L'individualisation de la peine. De Saleilles à aujourd'hui, Ed. Érès, Coll. Criminologie et sciences de l'homme, 2001.

N. PIGNOUX, La réparation des victimes d'infractions pénales, L'Harmattan, Sciences criminelles, 2008.

X. PIN, Droit pénal général, Dalloz, Coll. Cours, 12e éd., 2020.
PLUTARQUE, Sur les délais de la justice divine, Actes sud, Coll. Babel, 1995.

N. QUELOZ, C. JACCOTTET TISSOT, N. KAPFERER, M. MONA, Mettre l'humain au centre du droit pénal : les apports de la justice restaurative, Schulthess, 2018.

C. RIBEYRE, J.H ROBERT (Dir.), La victime de l'infraction pénale, Dalloz, Thèmes et commentaires, 2016.

G. ROYER, Crédit, Rép. pén., avril 2011.

P. RICŒUR, La mémoire, l'histoire, l'oubli, Seuil, Coll. Points Essais, 2000.

P. RICŒUR, Le juste, Esprit, 1995.

R. ROLLAND, Lettres de prison, Gallimard, Coll. Témoins, 1971.

II. Ouvrages spéciaux

K. AISSAOUI, La victime d'infraction pénale, de la réparation à la restauration, Thèse de doctorat, Université Jean-Moulin-Lyon-III, 2013.

K. MOONKWI, Essai sur la justice restaurative illustré par les exemples de la France et de la Corée du Sud, Thèse de doctorat, Université Montpellier, 2015.

III. Articles

Y. AGUILA, La politique pénale est-elle une politique publique comme une autre ?, Revue administrative, 1993.

E. ALLAIN, Le traitement en temps réel et les bureaux d'enquête : un rapport sans concession », AJ pénal, oct. 2014.

P. AUVERGNON, Travail pénitentiaire, Rép. trav., oct. 2018.

F. BARBIER-CHASSAING, J.B. CRABIÈRES, L. PAQUIN, M. QUÉMÉNER, Réquisitoire, Dalloz, IP/IT, 2017.

L. BASTE-MORAND, La réparation pénale. Un embryon français de justice restaurative, Érès, Coll. Les cahiers Dynamiques, 2014, n° 59.

D. BAUER, P. MBANZOULOU, La justice restaurative constitue un « horizon d'apaisement », LPA, 24 juin 2009, n° 125.

P. BEZIZ-AYACHE, Peines complémentaires, Rép. pén., juin 2017.

P. BONFILS, Chroniques législatives, Dalloz, RSC, avr. – juin 2015.

R. CARIO, De la victime oubliée... à la victime sacralisée, AJ pénal, 2009.

R. CARIO, Justice Restaurative, Rép. pén., mai 2018.

R. CARIO, Justice pénale et justice restaurative : entre complémentarité et autonomie assumées, AJ pénal, 2017.

R. CARIO, La justice restauratrice : Promesses et principes. À propos de l'œuvre d'Howard Zehr, LPA, 12 oct. 2004, n° 204.

R. CARIO, La justice restaurative : vers un nouveau modèle de justice pénale ?, AJ pénal., 2007.

R. CARIO, La place de la victime dans l'exécution des peines, D., 2003.

R. CARIO, Les rencontres restauratives en matière pénale : de la théorie à l'expérimentation des RDV, AJ pénal, 2011.

R. CARIO, La justice restaurative : vers un inévitable consensus, D., 2013.

R. CARIO, L'évolution de l'aide aux victimes en France, LPA, 22 avril 2005, n° 80.

R. CARIO, S. RUIZ-VERA, Victimes d'infraction, Rép. pén., juin 2018.

J.P. CÉRÉ, L. GRÉGOIRE, Peine : nature et prononcé, Rép. pén., juin 2020.
T. COUSTET, « La justice restaurative : un dispositif encore trop peu utilisé », Dalloz actualité, 12 juin 2019.

P. COUVRAT, La politique criminelle pénitentiaire à l'image de l'expérience française depuis 1945, RSC, 1985.

P. COUVRAT, Quelle probation pour demain ?, RSC, 1997.

V. DANDONNEAU, Justice restaurative : l'ambition associative au service de l'intérêt général, Forum, 2017.

V. DANDONNEAU, R. BRIZAIS, La médiation pénale post-sententielle, Cah. just., 2011, n° 2.

V. DANDONNEAU, Retour sur une expérimentation européenne de médiation post-sentencielle, AJ pénal, 2011.

D. DASSA – LE DEIST, La consécration d'une justice restaurative : une mesure nouvelle, mais pour restaurer quoi ?, Gaz. Pal., 21 oct. 2014, n° 294.

M.C. DESDEVISES, Réparer ou punir : La médiation pénale, LPA, 25 août 1997, n° 102.

E. DESNOYERS, Justice restauratrice au sein du Service correctionnel du Canada, Les Cahiers de l'AQPV, 2007, n° 3.

E. DIEU, Brèves réflexions autour de la justice restaurative et de la récidive : pour éclaircir la confusion possible avec la place des CSR en France, RSC, janv-mars 2020.

E. DIEU, Programme de Parrainage de Désistance (PPD) et Cercles de Soutien et de Responsabilité (CSR) : synthèse des ressemblances et dissemblances pour une Justice restaurative adaptée en France, RICPTS, 2018.

J. FAGET, Les « accommodements raisonnables » de la médiation pénale, RSC, 2009.

J. FAGET, Les dynamiques de transfert des idées restauratives, Raisons politiques, 2015, n° 59.

C. FLEURIOT, Justice restaurative : il fallait informer et rassurer les magistrats, Dalloz actualité, 21 mars 2017.

A. FORSETI, A. PAUL, Pour en finir avec les peines planchers, JCP G, n° 17, 28 avr. 2014.

F. FOURMENT, Ratio legis, égalité et droit commun, Gaz. Pal., 21 avr. 2012.

L. GARNERIE, Justice « réparatrice », Gaz. Pal, 28 mars 2017.

M. GIACOPELLI, Justice restaurative, Lexis360, Jurisclasseur Procédure pénale, 30 avr. 2020.

M. HERZOG-EVANS, Révolutionner la pratique judiciaire. S'inspirer de l'inventivité américaine, D., 2011.

M. JACOUD, Les cercles de guérison et les cercles de sentence autochtones au Canada, Criminologie, Vol. 32, n° 1, 1999.

M. JACCOUD, Innovations pénales et justice réparatrice, Champ pén., 2007.

M. JANAS, Les dispositions relatives au prononcé et à l'application des peines, Gaz. Pal., 28 janv. 2010.

J.P. JEAN, Politique criminelle et nouvelle économie du système pénal, AJ pénal, 2006.

A. KENSEY, Les risques de récidive des sortants de prison. Une nouvelle évaluation, Cahiers d'études pénitentiaires et criminologiques, mai 2011, n° 36.

C. KLEITZ, Contrainte pénale : le coup d'esbroufe, Gaz. Pal., 17 oct. 2013.

K. LARCHET, La justice pénale et ses critiques : Analyse de l'opinion sur la justice et les tribunaux dans le traitement de la délinquance, ONDRP, Grand angle, n° 50, Avr. 2019.

J. LASSERRE CAPDEVILLE, Les peines planchers : état des lieux cinq ans après, AJ pénal, 27 juill. 2012.

J. LASSERRE CAPDEVILLE, Les modifications concernant la personnalisation de la peine, Gaz. Pal., 23 mai 2015.

A. LAURENT, Justice restauratrice, justice dégénératrice, Tribune Libre, août 2014, n°6.

S. LAVRIC, Rapport sur l'application de la loi du 10 août 2007, Dalloz actualité, 17 déc. 2008.

C. LAZERGES, Du consensus sur la prévention de la récidive, Dalloz, RSC, 2013.

T. LEBÉHOT, Le cadre juridique de la mutation pénale, AJ pénal, 2011.

J. LEBLOIS-HAPPE, La redéfinition des finalités et fonctions de la peine – vers des principes directeurs en matière pénale ?, Gaz. Pal., 23 mai 2015.

D. L'HOUR, Le secteur associatif : un acteur incontournable mais méconnu des mutations judiciaires, AJ pénal, 2011.

D. L'HOUR, Les associations socio-judiciaires : un rôle méconnu, JA, 2008.

J. MASSIP, Le doyen Jean Carbonnier, je me souviens, LPA, 18 nov. 2003

L. MAURIN, Insécurité : l'échec du tout-répressif, Alternatives Économiques, n° 293, 2017.

N. MAZAUD, P. RABEYRIN-PUECH, M.P. PORCHY, Une expérience de justice restaurative au tribunal de grande instance de Lyon, Dalloz, Cah. just., 2018.

C. MÉNABÉ, Criminologie, Rép. pén., Dalloz, octobre 2019.
V.R. MERLE, A. VITU, Traité de droit criminel. Problèmes généraux de la science criminelle, Tome 1, Droit pénal général, Ed. Cujas, 7e éd. 1997.

O. MILLOT, Les clés de Taubira pour vider les prisons, Libération, 25 sept. 2012.

M. NORD-WAGNER, Justice restaurative et transaction policière : un regard croisé sur deux procédures originales issues de la loi du 15 août 2014, Gaz. Pal., 23 mai 2015, n° 143.

M. PARIGUET, Une autre rationalité pénale, RSC, 2014.

V. PELETIER, Les « boîtes à outils » de Madame Taubira. À propos de la loi du 15 août 2014, JCP G, 1er sept. 2014, n° 36.

B. PENAUD, L'aménagement de peine : une révolution méconnue, Gaz. Pal., 27 mai 2008.

B. PENAUD, De l'inflation législative à la surpopulation carcérale : pour une réforme des peines, Gaz. Pal., 22 sept. 2009.

B. PENAUD, La surpopulation carcérale n'est pas une fatalité, Gaz. Pal., 15 mai 2014.

S. POKORA, La médiation pénale, Dalloz, AJ pénal, 2003.

S. PORTELLI, Les alternatives à la prison, Pouvoirs, n° 135, 2010

G. RABUT BONALDI, La mesure de justice restaurative, ou les mystères d'une voie procédurale parallèle, D., 2015.

N. REGIS, Juger au nom des droits de l'homme L'office du juge, entre morale, droit et politique, Cah. just., 2015.

R. ROSS, Pour une justice relationnelle, Dalloz, Cah. just., 2006.

C. ROSSI, Juger ailleurs, juger autrement – Le modèle québécois des rencontres détenus – victimes, Cah. just., 2012.

B. SAYOUS, Comment la France va-t-elle intégrer la directive européenne sur les droits et l'aide aux victimes ?, INAVEM, 22 fév. 2014.

J.L. SENON, C. MANZANERA, Psychiatrie et justice pénale : à la difficile recherche d'un équilibre entre soigner et punir, AJ pénal, 2005.

J.L. SENON, Un bilan en demi-teinte de l'interface santé justice, AJ pénal, 2009.

R. SOFFER, Les dangers de l'inflation normative, Les Échos, 6 nov. 2018.

V. STRIMELLE, La justice restaurative : une innovation du pénal ?, Champ pén., 2007.

V. STRIMELLE, L'emprunt aux « justices de l'indivisible ». Réflexions sur les modèles de justice restauratrice à l'épreuve de la socialité vindicatoire, Champ pén., 2015.

E. TILLET, Histoire des doctrines pénales, Rép. pén., juin 2002.

E. VERGÈS, La réforme par transposition : la nouvelle voie de la procédure pénale, Dalloz, RSC, 2015.

J. VÉRIN, La médiation à San Francisco, à New York et à Kitchener, Dalloz, RSC, 1983. M.H. VERNERIS, Justice et pardon, une cohabitation possible derrière les barreaux ?, Le sujet dans la cité, 2016.

L. VIAUT, De l'intérêt de la médiation en droit administratif, LPA, 22 oct. 2020, n° 212.

L. VIAUT, Du bon usage de la justice restaurative... Prendre en compte les différents temps judiciaires, LPA, 22 juin 2020, n° 124.

L. VIAUT, Justice en situation – La médiation familiale et la théorie des deux conflits, Cah. just., 2020.

L. VIAUT, La croisée des savoirs – L'aveu dans la procédure pénale, Cah. just., 2021. D. VIRIOT-BARRIAL, Dignité de la personne humaine, Rép. pén., juin 2014

L. WALGRAVE, La justice restaurative : à la recherche d'une théorie et d'un programme, Criminologie, 1999, n° 1.

S. ZIENTARA-LOGEAY, La réforme pénale issue du 15 août 2014 : dans le sillage de l'humanisme pénal, Criminocorpus, 2019.

IV. Rapports

Cons. économique et social, Rapport sur la onzième session, Commission pour la prévention du crime et la justice pénale, 16-25 avr. 2002.

M. BEAULAC, G. ROUSSEAU-COMTOIS, Rapport d'évaluation portant sur le programme rencontres détenus-victimes du Centre de services de justice réparatrice, Montréal, Multigraph, 2006.

CNAV, Rapport du groupe de travail : La justice restaurative, R. CARIO (Dir.), mai 2007.

V. KONE, Rapport d'évaluation portant sur le programme Rencontre détenus-victimes du Centre de service de justice réparatrice, Montréal, Multigraph, 2008,

Rapport du jury de la conférence de consensus remis au Premier ministre, Pour une nouvelle politique publique de prévention de la récidive, Paris, 20 fév. 2013.

D. RAIMBOURG, Rapport n° 1974 fait au nom de la commission des lois sur le projet de loi (n° 1413) relatif à la prévention de la récidive et à l'individualisation des peines, 28 mai 2014.

J.P. MICHEL, Rapport n° 641 (2013-2014) fait au nom de la commission des lois sur le projet de loi relatif à la prévention de la récidive et à l'individualisation des peines, 18 juin 2014.

Sénat, Rapport d'information, Juger vite, juger mieux ? Les procédures rapides de traitement des affaires pénales, état des lieux, 31 mai 2021.

V. Sites Internet

http://www.justicerestaurative.org

https://www.justicerestaurative.org/le-cercle-de-soutien-et-de-responsabilite-csr/.

https://www.cnape.fr/documents/synthese-du-rapport-de-recherche-_freins-et-leviers-de-la-justice-restaurative-en-france/.

https://www.gouvernement.fr/action/la-reforme-penale.

http://www.justice.gouv.fr/loi-du-15-aout-2014-12686/la-liberation-sous-contrainte-12690/.

https://www.courdecassation.fr/venements_23/colloques_4/2018_8467/authentique_chemine ment_38194.html.

https://rm.coe.int/CoERMPublicCommonSearchServices/DisplayDCTMContent?documentId =09000016804dc328.

https://www.assembleenationale.fr/histoire/peinedemort/18_11_1908.asp.

https://www.senat.fr/rap/r96-49/r96-49_mono.html#toc3.

https://oip.org/decrypter/thematiques/surpopulation-carcerale/.

https://oip.org/communique/la-france-epinglee-par-la-cour-europeenne-des-droits-de-lhomme-pour-sa-surpopulation-carcerale/.

https://oip.org/?s=tout%20carcéral.

https://oip.org/decrypter/thematiques/preparation-a-la-sortie/.

https://oip.org/temoignage/une-sortie-seche-et-angoissante/.

https://oip.org/analyse/canada-une-justice-restaurative-qui-joue-sur-la-peine/.

https://www.franceculture.fr/emissions/du-grain-moudre/va-t-vider-les-prisons-de-leur-sens- en-partenariat-avec-philosophie.

https://www.franceculture.fr/emissions/du-grain-moudre/va-t-vider-les-prisons-de-leur-sens- en-partenariat-avec-philosophie.

Table des matières

Structures éditoriales du groupe L'Harmattan

L'Harmattan Italie
Via degli Artisti, 15
10124 Torino
harmattan.italia@gmail.com

L'Harmattan Hongrie
Kossuth l. u. 14-16.
1053 Budapest
harmattan@harmattan.hu

L'Harmattan Sénégal
10 VDN en face Mermoz
BP 45034 Dakar-Fann
senharmattan@gmail.com

L'Harmattan Cameroun
TSINGA/FECAFOOT
BP 11486 Yaoundé
inkoukam@gmail.com

L'Harmattan Burkina Faso
Achille Somé – tengnule@hotmail.fr

L'Harmattan Guinée
Almamya, rue KA 028 OKB Agency
BP 3470 Conakry
harmattanguinee@yahoo.fr

L'Harmattan RDC
185, avenue Nyangwe
Commune de Lingwala – Kinshasa
matangilamusadila@yahoo.fr

L'Harmattan Congo
67, boulevard Denis-Sassou-N'Guesso
BP 2874 Brazzaville
harmattan.congo@yahoo.fr

L'Harmattan Mali
ACI 2000 - Immeuble Mgr Jean Marie Cisse
Bureau 10
BP 145 Bamako-Mali
mali@harmattan.fr

L'Harmattan Togo
Djidjole – Lomé
Maison Amela
face EPP BATOME
ddamela@aol.com

L'Harmattan Côte d'Ivoire
Résidence Karl – Cité des Arts
Abidjan-Cocody
03 BP 1588 Abidjan
espace_harmattan.ci@hotmail.fr

Nos librairies en France

Librairie internationale
16, rue des Écoles
75005 Paris
librairie.internationale@harmattan.fr
01 40 46 79 11
www.librairieharmattan.com

Librairie des savoirs
21, rue des Écoles
75005 Paris
librairie.sh@harmattan.fr
01 46 34 13 71
www.librairieharmattansh.com

Librairie Le Lucernaire
53, rue Notre-Dame-des-Champs
75006 Paris
librairie@lucernaire.fr
01 42 22 67 13

www.ingramcontent.com/pod-product-compliance
Lightning Source LLC
LaVergne TN
LVHW021235061026
849535LV00008B/3063
9782343252070